Der Staub an ihren Füßen

Teil 2

Der Staub an ihren Füßen

Teil 2

Gedanken zu Ammas Lehren

Von Swami Paramatmananda Puri

Mata Amritanandamayi Center, San Ramon
Kalifornien, Vereinigte Staaten

Der Staub an ihren Füßen – Teil 2

Gedanken zu Ammas Lehren
Swami Paramatmananda

Herausgegeben von:
  Mata Amritanandamayi Center
  P.O. Box 613
  San Ramon, CA 94583
  Vereinigte Staaten

——————— *The Dust of Her Feet - Volume 2 (German)* ————

Erstausgabe: April 2017

In Deutschland: www.amma.de

In der Schweiz: www.amma-schweiz.ch

In Indien:
  inform@amritapuri.org
  www.amritapuri.org

INHALT

WIDMUNG

Gegrüßt sei
Sri Mata Amritanandamayi,
die Universelle Mutter,
die das Elend der Welt beseitigt,
die die innere Dunkelheit ihrer Verehrer vertreibt
und sich offenbart als das Ewige Bewusstsein,
das dem Herzen innewohnt;
die als die Transzendente Wahrheit erstrahlt;
die der Urgrund der Welt und jenseits von ihr ist.

VORWORT

Seit 1968 führt *Swami Paramatmananda Puri* in Indien das Leben eines Entsagenden. Im Alter von neunzehn Jahren übersiedelte er dorthin, um die spirituelle Essenz dieser großen, alten Kultur in sich aufzunehmen. Im Laufe der Jahre hatte er das Glück, mit vielen heiligen und weisen Persönlichkeiten in Kontakt zu treten, wobei das Zusammentreffen mit seinem *guru Mata Amritanandamayi* im Jahr 1979 den Höhepunkt darstellte.

Als *Swami Paramatmananda* Amma zum ersten Mal traf, fragte er sie, wie er sein *sadhana* fortsetzen könne. Ammas Antwort: „Werde wie der Staub unter jedermanns Füßen." So kam der Titel dieses Buches zustande. Als einer ihrer ältesten Schüler wurde er schließlich gebeten, in die USA zurückzukehren und die Leitung des ersten westlichen *ashrams*, des Mata Amritanandamayi-Zentrums in Kalifornien zu übernehmen. Dort lebte er von 1990 bis 2001.

Viele Bewohner und Besucher des Zentrums erinnern sich immer noch gerne an Swamis Vorträge, die seine Erfahrungen in Indien, sein Verständnis von Ammas Lehren, die heiligen Schriften und sein eigenes Leben auf dem spirituellen Pfad umfassten und zu den Höhepunkten des Ashramlebens gehörten. Mit Witz und Humor führte er den Westen und den Osten zusammen und schuf ein Forum spiritueller Bildung für Menschen aus allen Lebensbereichen. Obwohl *Swami Paramatmanda* seit seiner Rückkehr nach Indien keine öffentlichen Vorträge mehr gehalten hat, sind viele Aufnahmen seiner *satsangs* bis dato noch unveröffentlicht. Dieses Buch möchte einen Teil dieses Materials wie auch einige von ihm verfasste Artikel, die nach seiner Rückkehr nach Indien entstanden, verfügbar machen.

Der Herausgeber, M. A. Center
1. September 2014

KAPITEL EINS

Der wahre Guru

Als ich zu Amma kam, war ich sehr glücklich und friedvoll - zumindest hatte ich dies zunächst gedacht. Doch nachdem ich mich im *ashram* niedergelassen hatte, traten viele negative Gedanken und Gefühle wie etwa Zweifel, Ärger und Eifersucht an die Oberfläche. Mich überkam der Eindruck, dass Amma Situationen herbeiführte, die das Schlimmste in mir wie auch in allen anderen zu Tage förderten. Einerseits war es wunderbar, sich in Ammas göttlicher Gegenwart aufzuhalten, andererseits jedoch war es in extremer Weise qualvoll, andauernd durchgeschüttelt zu werden. Viele Male hegte ich die Absicht, den *ashram* zu verlassen und in das friedliche Dorf zurückzukehren, in welchem ich vorher gelebt hatte. Doch machte ich mir klar, dass Amma ein göttliches Wesen sei; wahrscheinlich war sie die einzige Person, die mir den Weg zu dem Ziel, nach welchem ich strebte, aufzeigen konnte. Ihre Anziehungskraft war unbestreitbar. Doch worum ich gebeten hatte, war Frieden - nicht Leiden!

In meinen ruhigeren Augenblicken wurde mir allmählich klar, dass einfach nur nach außen kam, was sich tief in meinem Inneren befand. Mochte ich vorher auch die Oberfläche meines Geistes gereinigt haben, so war Amma doch darauf aus, in die dunkelsten Ecken zu gelangen und die Geister aufzuscheuchen, die sich dort versteckt hielten. Im spirituellen Leben gibt es eine goldene Regel, die besagt, dass was sich im Inneren befindet, nach außen kommen muss, bevor wir uns des wahren Friedens

9

und der Seligkeit erfreuen können. Das Gift, dass man zuvor geschluckt hat, muss ausgebrochen werden, damit man gesund werden kann. Amma kann uns keine Seligkeit gewähren, solange sich im Gefäß unseres Geistes schmutzige Dinge befinden. Wie konnte ich also meinen Geist vollständig entleeren? Sicherlich nicht durch mich selbst. Irgendwie müssen gewisse Umstände die innersten negativen Eigenschaften an die Oberfläche des Geistes bringen, damit man sie sehen und sich auf einer bewussten Ebene mit ihnen auseinandersetzen kann. Darin besteht eine der Aufgaben des *guru*: Dasjenige hervorzuholen, was sich im Innern befindet. Um eine sehr schmutzige Flasche zu säubern, ist eine harte Bürste erforderlich. Amma sagt:

> "Der *guru* wird Hindernisse und Kummer auf Seiten des Schülers hervorrufen. Dies alles sollte der Schüler durch intensives *sadhana* überwinden. Spiritualität ist nichts für faule Menschen. Verglichen mit den Sorgen der äußeren Welt sind die Schwierigkeiten auf der subtilen Ebene enorm. Für denjenigen jedoch, der sich einem *sadguru* überantwortet, gibt es nichts zu fürchten."

Durch Kontakt mit einem wirklichen *guru* wird uns klar, was abgewiesen und was kultiviert werden sollte, sowohl im Hinblick auf unseren Geist als auch auf unsere Handlungen. Das Beispiel des *guru* wird zu unserem Wegweiser, zu unserer Inspiration. Doch dabei sollten wir es nicht bewenden lassen. Wir müssen zu der Einsicht gelangen, dass jede Situation in unserem Leben vom *guru* zum Zwecke unserer spirituellen Weiterentwicklung manipuliert wird. Die Natur fungiert dabei als Dienerin des *guru*, der sie zum Zwecke unseres spirituellen Fortschritts verwendet. Alles, was uns widerfährt, ist eine Gelegenheit, uns spirituell aufwärts zu entwickeln. Tatsächlich liegt der Sinn unserer menschlichen Geburt in der Erkenntnis des Selbst (*atma-jnana*).

Wenn man sich eine solche Einstellung zu eigen gemacht hat, ist die Hälfte des Weges zum Ziel bereits zurückgelegt. Doch ist dies nicht einfach, sind wir doch ständig mit äußeren Angelegenheiten wie Essen, Sex, sozialen Kontakten, Geldverdienen etc. befasst. Wir sind wie Fische, die unfähig sind, den Ozean zu erblicken, weil sie nur damit beschäftigt sind, zu fressen bzw. nicht gefressen zu werden.

Die Geschichte vom verborgenen Lehrer

Nachdem er sich viele Jahre mit spirituellen Themen befasst hatte, hielt ein Devotee die Zeit für gekommen, nach der unmittelbaren Erfahrung der höchsten Wirklichkeit zu suchen. „Ich werde mich auf die Suche nach dem verborgenen Lehrer machen,“ sagte er zu sich, „von dem man auch sagt, er befinde sich im eigenen innersten Selbst.“

Als er das Haus verlassen hatte, traf er auf einen *sadhu*, der die staubige Straße entlang schlenderte. Er holte ihn ein und ging neben ihm her. Er wartete darauf, dass dieser irgendetwas sagen würde

Schließlich brach der *sadhu* sein Schweigen: „Wer bist du und wohin gehst du?“

"Ich bin ein Wahrheitssucher und halte Ausschau nach dem verborgenen Lehrer."

"Ich werde mit dir gehen", sagte der *sadhu*.

"Kannst du mir dabei helfen, den Lehrer zu finden?“

"Der verborgene Lehrer, so wird gesagt, befindet sich im Selbst eines Menschen. Die Art und Weise, wie man ihn findet, hängt davon ab, welchen Gebrauch man von seinen Erfahrungen macht. Dies ist etwas, was ich nur teilweise vermitteln kann.“

Schließlich gelangten sie an einen Baum, der knirschte und schwankte. Der *sadhu* hielt inne: „Der Baum sagt uns: ‚Etwas bereitet mir Schmerz. Bitte haltet eine Weile an und holt es aus mir heraus, so dass ich Ruhe finden kann.‘"

"Ich bin zu sehr in Eile", antwortete der andere Mann. „Und wie soll ein Baum überhaupt sprechen können?" So gingen sie also weiter ihres Weges.

Nach ein paar Kilometern sagte der *sadhu*: „Als wir in der Nähe von jenem Baum waren, kam es mir so vor, als ob ich Honig riechen würde. Vielleicht war es ein Nest wilder Bienen, das im Inneren seines Stammes gebaut worden war."

„Wenn das stimmt, sollten wir zurückeilen, damit wir den Honig sammeln können. Wir könnten ihn essen und den Rest verkaufen, damit wir etwas Geld für die Reise haben."

„Wie du willst", sagte der *sadhu*.

Als sie jedoch an besagtem Baum angekommen waren, sahen sie, wie einige andere Reisende eine große Menge Honig einsammelten.

"Was für ein Glück wir doch hatten!", sagten sie. „Das ist genug Honig für eine ganze Stadt. Nun können wir armen Pilger zu Kaufleuten werden; unsere Zukunft ist gesichert."

Als sie dies hörten, setzten der *sadhu* und sein neu gewonnener Freund ihren Weg fort.

Sie kamen an einen Berg, auf dessen Abhang sie ein Brummen vernahmen. Der *sadhu* legte sein Ohr an den Erdboden. Schließlich sagte er: „Unter uns befinden sich Millionen von Ameisen, die eine Kolonie bilden. Dieses Summen ist eine Art kollektiver Hilferuf. In der Ameisensprache bedeutet es: ‚Helft uns, helft uns! Wir sind mit Ausschachtungsarbeiten beschäftigt, doch dabei sind wir auf sonderbare Felsblöcke gestoßen, die unser weiteres Vorrücken verhindern. Helft uns dabei, sie wegzuschaffen.‘

Sollen wir anhalten und ihnen helfen oder hast du es eilig, von hier fortzukommen?"

"Ameisen und Felsbrocken gehen uns nichts an, Bruder", sagte der Devotee, „denn ich für meinen Teil bin auf der Suche nach meinem Lehrer."

"Sehr gut, Bruder", sagte der *sadhu*. "Es heißt jedoch, alle Dinge seien miteinander verbunden, und dieser Vorfall könnte irgendetwas mit uns zu tun haben."

Der junge Mann schenkte dem Gemurmel des Alten keine weitere Beachtung, und so setzten sie ihren Weg fort.

Als die beiden anhielten, um sich zur Nachtruhe zu begeben, stellte der junge Mann fest, dass er sein Messer verloren hatte. „Ich muss es in der Nähe des Ameisenhügels fallengelassen haben", sagte er. Also gingen sie am nächsten Morgen dorthin zurück.

Als sie an dem Ameisenhügel anlangten, konnten sie von dem Messer nicht die geringste Spur finden, doch erblickten sie eine Gruppe von Leuten, die ganz mit Schlamm bedeckt waren und sich neben einem Haufen von Goldmünzen ausruhten.

"Diese Münzen sind ein verborgener Schatz, den wir gerade eben geborgen haben. Wir waren unterwegs, als ein gebrechlicher alter Heiliger uns herbeirief und sagte: ‚Grabt an dieser Stelle, und ihr werdet entdecken, dass was einige Wesen als Felsblöcke auffassen, für andere ein Goldschatz ist.'"

Der junge Mann verfluchte sein Schicksal. „Oh *sadhu*, wenn wir doch nur angehalten hätten, wären du und ich letzte Nacht zu reichen Leuten geworden!"

Die anderen Leute entgegneten: „Dieser *sadhu*, Fremder, den du bei dir hast, ähnelt auf seltsame Weise demjenigen, den wir letzte Nacht gesehen haben."

"Alle *sadhus* sehen ziemlich ähnlich aus", bemerkte der *sadhu*.

Die zwei Männer setzten ihre Reise fort. Ein paar Tage später gelangten sie an ein wunderbares Flussufer. Der *sadhu* hielt an. Als sie sich hinsetzten, um auf die Fähre zu warten, erschien mehrere Male ein Fisch an der Wasseroberfläche und formte Worte mit seinen Lippen. "Dieser Fisch", sagte der *sadhu*, "sendet uns eine Nachricht. Sie lautet: ‚Ich habe einen Stein verschluckt. Fangt mich und gebt mir ein bestimmtes Kraut zum Fressen. Es wird mich in die Lage versetzen, ihn zu auszuspeien, so dass ich Ruhe finden kann. Oh, Reisende, habt Gnade mit mir!'"

In diesem Augenblick erschien die Fähre, und der junge Mann, ungeduldig, vorwärts zu kommen, drückte den *sadhu* ins Boot. Der Fährmann war dankbar über die paar Münzen, die sie ihm geben konnten, und in der Nacht erfreuten sie sich eines erholsamen Schlafes auf der anderen Seite des Flusses, wo ein großzügiger Mensch ein Teehaus für Reisende gebaut hatte.

Am nächsten Morgen setzten sie sich nieder und schlürften ihren Tee, als der Fährmann erschien. „Die letzte Nacht war die erfreulichste meines Lebens", sagte er. Die Pilger haben mir Glück gebracht." Er küsste die Hand des ehrwürdigen *sadhu*, um seinen Segen zu empfangen. „All dies hast du dir redlich verdient", sagte der *sadhu*.

Der Fährmann war nun ein reicher Mann. Folgendes hatte sich zugetragen: Er war am Vorabend im Begriff gewesen, zu seiner üblichen Zeit nach Hause zu gehen, als er die beiden Männer auf der anderen Seite des Flusses entdeckte. Er entschloss sich, noch eine weitere Fahrt zu machen, um den Segen zu empfangen, der daraus erwachsen würde, armen Reisenden zu helfen. Als er dabei war, sein Boot loszumachen, sah er einen Fisch, der sich auf die Sandbank geworfen hatte. Anscheinend versuchte er, ein Stück von einer Pflanze herunterzuschlucken. Der Fährmann steckte es ihm ins Maul, worauf der Fisch einen Stein erbrach und wieder zurück ins Wasser sprang. Der Stein war ein riesiger makelloser Diamant von unschätzbarem Wert und großer Strahlkraft.

„Du bist ein Teufel!" beschimpfte der erzürnte junge Mann den *sadhu*. „Aufgrund irgendeiner verborgenen Kraft wusstest du alles über diese drei Schätze, doch als es an der Zeit war, hast du es mir verschwiegen. Ist das wahre Kameradschaft? Früher war mein Pech schon schlimm genug, doch ohne dich hätte ich nicht einmal etwas gewusst von den Möglichkeiten, die in Bäumen, Ameisenhügeln und zu guter Letzt noch Fischen verborgen sind!"

Kaum hatte er diese Worte ausgesprochen, war es ihm, als würde ein mächtiger Wind durch seine innerste Seele fegen. Dann wusste er, dass das genaue Gegenteil von dem, was er gerade gesagt hatte, die Wahrheit war.

Der *sadhu* berührte ihn leicht an der Schulter und lächelte. „Nun, Bruder, wirst du erkennen, dass du aus Erfahrungen lernen kannst. Ich bin derjenige, welcher unter dem Befehl des verborgenen Lehrers steht."

Von diesem Tag an war jener Sucher unter dem Namen bekannt: „Der, welcher verstanden hat."

KAPITEL ZWEI

Liebe contra Erkenntnis

Wir leben in einem technologischen Zeitalter. Früher war das Leben sehr simpel, und in einigen Gegenden ist es dies immer noch. Die Menschen führten ein einfaches Leben ohne Elektrizität. Ihre Körper wurde in Übung gehalten, einfach indem sie ihren täglichen Obliegenheiten nachgingen. Sie waren nahe bei der Natur und kannten ihren Rhythmus. Sie glaubten an Gottes Existenz und hatten Vertrauen in Ihn. Ihre Freuden waren einfach und unschuldig, Ihr Geist besaß edle Eigenschaften wie Demut, Geduld und Opferbereitschaft.

Dann kamen Elektrizität und Technik. Nun schaue man sich den gegenwärtigen Trend an: Die Menschen sind voller Stolz. Wo aber Stolz ist, finden sich auch Ärger und Ungeduld. Ruhelos halten sie andauernd Ausschau nach etwas Neuem. sei es Fernsehen oder Internet. Ihre gesamte Freizeit ist ausgefüllt mit zahlreichen Formen von Vergnügungen. Das Ausmaß selbstsüchtiger Herzenskälte und Grausamkeit scheint ständig zu wachsen, und niemand ist in der Lage, die Flut der Gewalt einzudämmen. Bereits von Kindheit an werden wir mit falschen Idealen von Gewalt, Wut, Macht, Position und wahllosem Sex bombardiert.

Die Technik selbst ist nicht das Übel, doch sollte man sie nicht nur zum Zwecke von Effizienz, Bequemlichkeit und Vergnügungen verwenden, sondern für die Verbreitung höherer Ideale nutzen. Man beobachte nur, wie man sich fühlt, nachdem man einen erhebenden Film gesehen hat. Die Wirkung kann viele

Stunden oder sogar Tage andauern. Ein inspirierendes Buch, das aufgrund der Entwicklung der Druckerpresse in unsere Hände fällt, kann unser Leben verändern.

Im Allgemeinen jedoch hat die Technik bei den meisten von uns die guten Eigenschaften ausgemerzt und uns übermäßig intellektuell werden lassen. Für alles und jedes sind wir auf den Verstand angewiesen. Bei allen Dingen müssen wir das Warum und das Wie begreifen. Der Glaube ist schwach geworden oder sogar verschwunden, sofern unser Verstand nicht zufriedengestellt wird. Im materiellen Sinne haben wir etwas bekommen, doch spirituell betrachtet sind wir große Verlierer.

Glück, wenn es von Dauer sein soll, muss seinen Sitz im Herzen, nicht im Kopf haben. Es ist wie der Unterschied, die Zutaten einer köstlichen Mahlzeit lediglich zu kennen - oder letztere tatsächlich zu essen und zu genießen.

Wie Amma sagt:

"In der heutigen Welt messen die Menschen dem Intellekt eine größere Wichtigkeit bei als dem Herzen. Dieser Wandel ist nicht sehr ermutigend. Nur wenn wir ein unschuldiges und weites Herz entwickeln, vermögen wir das Reich Gottes zu erlangen. Dies bedeutet nicht, dass der Verstand für unsere Selbst-Entfaltung ohne Bedeutung ist. Wir benötigen den Kopf ebenso wie das Herz. Beide haben bei unserem Wachstum ihre jeweilige Rolle zu spielen. Es ist der Verstand, welcher uns dabei hilft, zwischen richtig und falsch wie auch zwischen der ewigen Wirklichkeit und dem Vergänglichen zu unterscheiden. Doch besitzt er auch seine Nachteile. Er gleicht den beiden Teilen einer Schere. Ihre Natur ist es, abzutrennen und auszuscheiden. Der Intellekt besitzt nicht die Weite und Ausdehnungsfähigkeit des

Herzens. um alles zu umfassen und ihm seinen Platz zuzuweisen. Wenn wir ihm allein folgen, werden wir die Süße des Lebens verpassen. Das Herz hingegen gleicht einer Nadel. Ihre Natur besteht darin, zu nähen und Dinge miteinander zu verbinden. Sie akzeptiert und vereint selbst die unvereinbarsten und unähnlichsten Gegenstände. Sie inspiriert uns, die guten Aspekte aller Dinge zu erkennen und in uns aufzunehmen. Sowohl der Verstand als auch das Herz sind notwendig, um ein harmonisches Leben zu führen und unser ewiges Ziel zu erreichen, welches Gott ist. Nachdem wir ein Stück Tuch mit einer Schere in passende Teile geschnitten haben, die die richtige Größe und Form besitzen, benutzen wir die Nadel und nähen sie zusammen, um ein Hemd, eine Bluse oder ein Kleid zu erhalten.

Unser erstes Gebet sollte sein, ein Herz zu entwickeln, dass sich am Glück anderer erfreut und ihre Sorgen teilt. Gottes wahre Kinder sind jene, welche die Freuden und Sorgen anderer als ihre eigenen betrachten."

Mit einem intellektualisierten Geist kommen wir zum spirituellen Leben, kommen wir zu Amma. An ihr sehen wir, was ein aufblühendes Herz wirklich bedeutet, und im Vergleich zu ihr empfinden wir, wie ausgetrocknet unser eigenes Herz ist. Dennoch wird unser Verstand aufgrund seiner früheren Gewohnheiten damit fortfahren, kritisch und vorurteilsbehaftet zu sein. Anstatt dass wir uns einfach in ihrer Gegenwart sonnen, versucht er, Amma zu verstehen und zu bewerten. Möglicherweise verfehlen wir sogar den Sinn unseres Zusammenseins mit ihr.
Gott erkennen oder Gott lieben

Vor langer Zeit lebte einmal ein *pandit*, der sich in sämtlichen Schriften gut auskannte. Diese Schriften befriedigten jedoch keineswegs das Verlangen seines Geistes, denn es verlangte ihn nach nichts weniger als der vollständigen Erkenntnis Gottes. Da er in den Schriften keine Hilfe fand, begab er sich an einem einsamen Ort, fernab von den Schlupfwinkeln der Menschen, und baute sich dort eine Einsiedelei, um sich ganz der Verwirklichung der Erkenntnis Gottes hinzugeben. Der Einsiedler, der nur wenige Bedürfnisse hatte, verbrachte Tag und Nacht damit, nach der Erfüllung seines einen Herzenswunsches zu streben. Tage und Monate vergingen, doch konnte er von Gott nicht das Geringste begreifen.

Die Jahre vergingen, doch der beharrliche und eifrige Einsiedler blieb so unwissend wie zuvor. Seine Jugend ging dahin, graue Haare zeigten sich bereits inmitten seiner braunen Locken; dennoch blieb sein Problem wie eh und je ungelöst.

Eines Tages ging er mit niedergeschlagener und nachdenklicher Miene am Strand spazieren, dachte nach über seinen erfolglosen Kampf und überlegte, ob er seinen Versuch aufgeben sollte oder nicht, als er seine Augen nach vorne richtete und in einiger Entfernung einen kleinen Junge erblickte, der am Rand des Wassers mit irgendetwas beschäftigt war. Er dachte bei sich, das Kind eines bestimmten Fischers sei vielleicht von seinem Vater, der zum Fischfang aufs Meer hinausgefahren war, zurückgelassen worden, doch da er sich keinen Reim darauf machen konnte, wieso der Vater einen solch kleinen Jungen von zuhause dorthin gebracht und dann allein gelassen haben sollte, ging er zu dem Kind, um es zu fragen. Dieses jedoch war sich gar nicht bewusst, dass er sich ihm näherte, denn es war ganz damit beschäftigt, Wasser aus dem Meer zu schöpfen und mit seinen winzigen Händen in den Sand zu schütten. Angesichts dieses seltsamen Anblicks war die

Neugier des Weisen aufs Höchste geweckt, und er begann den Jungen zu fragen, wer er sei, warum er auf diese Weise Wasser in den Sand gießen würde, wohin sein Vater gegangen sei und vieles andere mehr. Doch auf all dies zu antworten hatte der Junge offensichtlich keine Zeit - so sehr war er von seiner vermeintlich sinnlosen Tätigkeit eingenommen. Als das Kind schließlich nicht länger gestört werden wollte, antwortete es dem Weisen kurz und bündig: "Mein Herr, ich habe keine Zeit, mich mit Ihnen zu unterhalten. Sehen sie nicht, dass ich das gesamte Wasser dieses Ozeans wegschütten muss, um ihn auszutrocknen?"

"Bist du verrückt?", fragte der Weise. „Du kleines Geschöpf willst diesen grenzenlosen Ozean völlig austrocknen, ein Versuch, den zu unternehmen nicht einmal der gesamten Menschheit jemals in den Sinn kommen könnte!"

"Warum, Sir," entgegnete das Kind, "soll es für mich unmöglich sein, den unendlichen Ozean auszutrocknen und zu sehen, was in seinen Tiefen verborgen ist, wenn es Euch möglich ist, die unendliche Tiefgründigkeit Gottes zu erkennen und zu enträtseln?

Damit verschwand das Kind von diesem Ort und ward fortan nicht mehr gesehen. Doch seine süßen Worte hatten das Herz des *pandit* erreicht. Immerzu hallten sie in seinen Ohren nach und erfüllten ihn mit unaussprechlicher Freude. Von diesem Tag an gab er sein eitles Verlangen auf, Gott zu erkennen und begann stattdessen, ihn zu lieben.

KAPITEL DREI

Loslösung

Diejenigen, die Ammas Bücher gelesen haben, werden bemerkt haben, dass sie der Loslösung große Wichtigkeit beimisst. Es mag für uns den Anschein haben, als ob Amma jedermann raten würde, ein *brahmacharin* (Zölibatär) oder *sannyasin* (Mönch) zu werden. Dem ist natürlich nicht so. Tatsächlich möchte sie, dass wir versuchen, friedvoll zu bleiben, mit was für Umständen das Schicksal uns auch immer konfrontiert. Für die meisten von uns genügt bereits eine kleine Störung, sei es am Arbeitsplatz oder zuhause, um uns entweder Kummer zu bereiten oder in Zorn geraten zu lassen. Wir meinen vielleicht, dies sei ziemlich normal, da jedermann dasselbe tut. Amma sagt jedoch, dass keinerlei Notwendigkeit besteht, ruhelos oder unglücklich zu werden, wenn sich die Umstände ändern, die Dinge nicht den von uns gewünschten Verlauf nehmen oder Menschen nicht in der Weise agieren, wie es uns gefällt. Sie rät uns dazu, unser Glück nicht allzu sehr von äußeren Dingen und Menschen abhängig zu machen. Im Geist jedes Lebewesens gibt es eine Quelle des Glücks, doch ist sie nicht manifest; sie existiert dort wie die Butter in der Milch. Um jenen Schatz zu bekommen, muss man arbeiten. Wenn man dabei jedoch erfolgreich ist, können weder Krankheit noch Tod ihn einem wegnehmen. Jene dauerhafte innere Ruhe ist die wahre Frucht von Spiritualität.

Ein närrischer König äußerte einmal die Klage, der harte Erdboden würde seinen Füßen Schmerz zufügen, und daher ordnete er an, das ganze Land mit Rindsleder zu bedecken. Der Hofnarr lachte, als der König ihm davon erzählte. „Was für eine absolut verrückte Idee, Eure Majestät!", lachte er auf. „Warum diese unnütze Ausgabe? Schneidet doch einfach zwei kleine Lederpolster aus, um eure Füße zu schützen!" Der Erleuchtete weiß, dass man sein eigenes Herz - nicht die Welt - ändern muss, um die letztere zu einem Ort zu machen, der frei ist von Leid.

Im alten Indien lebte einmal ein Prinz namens *Rama*. Die Geschichte seines Lebens wird *Ramayana* genannt, und sie besitzt zeitlosen Wert für jedes menschliche Wesen, das nach immerwährendem Glück und Frieden strebt. Er war sowohl der Liebling der Untertanen wie auch seines Vaters, des Königs. Dieser entschloss sich, ihn zum Prinzregenten, zum Thronerben zu machen. Als man *Rama* diese Nachricht überbrachte, lächelte er freundlich. In der Nacht vor der feierlichen Inthronisation bestand *Ramas* Stiefmutter darauf, ihren eigenen Sohn *Bharata* zum Thronnachfolger zu machen und zusätzlich *Rama* für vierzehn Jahre in die Wälder zu verbannen! Mit großer Bestürzung setzte man *Rama* am Morgen des nächsten Tages, an dem eigentlich seine Krönung hätte stattfinden sollen, von dieser Entscheidung in Kenntnis. Mit freundlichem Lächeln nahm er frohgemut die Verbannung in den Wald auf sich und sagte, er sei von Schicksal sehr begünstigt, biete ihm dies doch Gelegenheit, so viel Zeit in der freien Natur wie auch in den Wald-Ashrams von Weisen zu verbringen.

Rama war weder angesichts angenehmer Dinge von Freude überwältigt, noch war er niedergeschlagen aufgrund unangenehmer Begebenheiten. Er war gleichmütig.

Man schaue auf das Leben Ammas, die so viele Hindernisse und Schwierigkeiten hat durchmachen müssen. Niemals ist sie vor etwas davongelaufen, nicht einmal vor den unangenehmsten

Umständen und Verantwortlichkeiten. Sie ist wahrhaft jedermanns *guru*. Sie weiß aus erster Hand, was Leid bedeutet.

In der Zwischenzeit haben sich die Dinge geändert. Gegenwärtig hat sie nicht dieselbe Art von Problemen wie damals. Sie ist in Indien überaus bekannt und respektiert. Es gibt Waisenhäuser, Krankenhäuser, Schulen, Computer-Institute, Universitäten, *ashrams* und Tempel. Auch erwarten hunderttausende von Devotees auf der ganzen Welt ihre Anleitung und ihren Schutz. Doch trotz alledem strahlt Amma die ganze Zeit über Frieden aus. Dieser Frieden ist unveränderlich und dauerhaft, was immer um sie herum auch geschehen mag.

Wie ist es Amma möglich, all dies zu tun, ohne sich aufzuregen? Der Grund ist, dass sie nichts als ihr Eigentum betrachtet. Für sie gehört alles Gott. Dies bedeutet keinesfalls Gleichgültigkeit sondern Loslösung. Obwohl Amma als eine Treuhänderin des Göttlichen alle Handlungen so vollkommen verrichtet, wie nur möglich, besitzt sie doch gleichzeitig die direkte Wahrnehmung, dass alles Sein Wille ist. Wir können nicht mehr sein als Instrumente.

Emotionale Ausgeglichenheit aufgrund von Loslösung

In der alten indischen Stadt *Ayodhya* lebte einmal ein Bettler. Er wohnte dort am Straßenrand in einer Hütte, die aus Jutesäcken bestand. Seinen Lebensunterhalt verdiente er, indem er von Geschäft zu Geschäft ging und die Kaufleute um ein paar Groschen anbettelte. Bei sich trug er eine alte rostige Pflanzenölkanne, die er irgendwo auf einem Müllhaufen gefunden hatte. Manchen unter den Kaufleuten tat dieser Mann leid; sie pflegten ihm jedes Mal, wenn er vorbeikam, ein paar Münzen zu geben. Sie nannten ihn den „Bettler mit der Ölkanne." Ihnen ließ er seine besonderen Segenswünsche zukommen. Er war froh, wenn er genug Geld erhielt, um sich etwas zu essen zu kaufen. Andere jedoch wollten von ihm nicht belästigt werden; sie beschimpften ihn und jagten ihn fort. Bei solchen Gelegenheiten fühlte er sich niedergeschlagen, und er stieß Flüche aus gegen diejenigen, die ihn vertrieben. So führte er ein im Ganzen beklagenswertes Leben mit Höhen und Tiefen.

Eines Tages, als er wieder seine Runden machte, fuhr ein Wagen vor und vier uniformierte Männer stiegen aus. Sie gingen in Richtung des Bettlers, welcher von Furcht ergriffen das Weite suchte. Es kam zu einer wilden Verfolgungsjagd, an deren Ende sie ihn zu seinem großen Verdruss festnahmen. Er flehte sie an, ihn freizulassen, denn weder hatte er jemandem etwas zuleide getan, noch irgendetwas gestohlen. Doch sie schenkten seinen Worten keinerlei Beachtung und drückten ihn in den Wagen. Er empfand es als ein Glück, wenigstens nicht von ihnen geschlagen zu werden.

Bald danach erreichten sie einen Palast und stiegen aus. Sie brachten ihn dort in ein Zimmer, nahmen ihm seine rostige Ölkanne und seine zerfetzten Lumpen weg und kleideten ihn, nachdem sie ihn zuvor in parfümiertem Wasser gebadet hatten, in königliche Gewänder. Anschließend führten sie ihn in den Speisesaal und bewirteten ihn mit einem köstlichen Festmahl. Es gab dort Speisen, die er nie zuvor in seinem Leben gegessen hatte. Als er aus dem Saal ging, erinnerte er sich an seine Ölkanne und wollte ins Bad gehen, wo er sie zurückgelassen hatte, doch die Diener versperrten ihm den Weg. Verärgert sagte er zu ihnen: „Was soll das, warum haben Sie mir meinen einzigen Besitz weggenommen? Ich weiß es zu schätzen, dass Sie mir das wunderbare Mahl bereitet und mir die schönen Kleider gegeben haben, doch nun möchte ich mich nach Hause begeben. Bitte geben Sie mir meine Lumpen und meine Ölkanne sofort zurück, damit ich gehen kann." Die Diener entgegneten: „Guter Mann, eine Überraschung erwartet Sie. Ihre Tage des Glücks haben begonnen. Wenn Sie sich nur eine kleine Weile gedulden, werden Sie begreifen, warum wir Sie auf diese Weise behandeln." Dann führten Sie ihn an den königlichen Hof, wo sich jedermann erhob und vor ihm verneigte.

Der Bettler war erstaunt. Es war ihm, als würde er träumen. Er wandte sich ihnen zu und sprach: "Meine Herren, ich weiß nicht, warum Sie sich vor mir niederbeugen, doch Sie machen mich verrückt mit dieser Art von Behandlung." Der Premierminister antwortete: "Eure Majestät, Ihr seid der Thronnachfolger. Bitte tut uns die Ehre an, jetzt auf dem Thron Platz zu nehmen. Der Bettler sagte: „Sie irren sich. Ich bin nur ein Bettler. Diese Leute haben mich gewaltsam hierhin gebracht. Ich bin nicht Ihr König, daher lassen Sie mich bitte nach Hause zurückkehren."

Die Minister sagten: "Eure Hoheit, Ihr kennt Eure eigene Abstammung nicht. Ihr seid der rechtmäßige Thronfolger. Als unser König kinderlos starb, versuchten wir, die Spur seines Nachfolgers in der königlichen Familie zurückzuverfolgen. Nach einer gründlichen Untersuchung fanden wir heraus, dass vor längerer Zeit ein entfernter Verwandter des Königs, als er mit seiner Frau und seinem Sohn durch den Wald ging, auf Räuber gestoßen war. Er und seine Frau wurden umgebracht, nur das Kind ließ man am Leben und überließ es seinem Schicksal. Es besaß ein Muttermal am linken Ohr und eine Narbe am rechten Fuß. Einige Tage später erfuhr der König von dem Mord und veranlasste eine ausgiebige Suche nach dem Kind, doch ohne Ergebnis. Als nun der König vor kurzem starb, stellten auch wir ausführliche Nachforschungen an, um den Thronfolger zu finden, und alle Spuren führten zu Euch. Es ist wirklich ein großer Glücksfall, dass das einzige Mitglied der königlichen Familie zu uns zurückgebracht wurde. Lasst Euch daher bitte herab, unser Angebot anzunehmen und herrscht fortan mit Rechtschaffenheit über das Land."

Jahre vergingen, und der König regierte frohgemut sein Reich. Eines Tages, als er durch den Palast ging, fiel sein Blick auf einen verschlossenen Schrank, den er niemals zuvor bemerkt hatte. Er bat darum, dass man ihm den Schlüssel bringe und öffnete ihn. - Was er erblickte, war nichts als seine alte Ölkanne und die zerlumpten Kleider. Ihn überkam eine lustige Idee. Er schloss den Schrank wieder zu und behielt den Schlüssel. Am nächsten Tag holte er die Kanne und die alten Kleider heraus und packte sie in einen Koffer. Dann ließ er seinen Fahrer den Wagen vorfahren und gab ihm für diesen Tag frei. Mit dem Koffer in der Hand stieg der König in seinen Wagen und fuhr in die Stadt, wo er früher gebettelt hatte. Am Stadtrand hielt er an, stieg aus und wechselte die Kleider. Mit der Kanne in seiner Hand spazierte der zum König gewordene Bettler durch die Straßen und machte seine alten Runden. Ein paar Leute erkannten ihn als den früheren Bettler und gaben ihm ein paar Groschen. Andere überhäuften ihn mit Schimpfworten und jagten ihn fort. Doch weder fühlte er sich durch das eine erhoben noch durch das andere deprimiert. Er wusste, dass er in Wirklichkeit der König des Landes war. Nach einem Tag als Bettler kehrte er in den Palast zurück und nahm seine Pflichten als König wieder auf.

Dies ist der Zustand von jemandem, der Vollkommenheit erreicht hat. Er hat seinen eigenen Geist erobert und führt ein Leben in Gleichmut. Er weiß, dass er selbst unendliche Wonne ist und wird von den Vergnügungen oder Schmerzen des empirischen Lebens nicht tangiert. Seine scheinbaren Freuden und Leiden sind lediglich oberflächliche Wellen, die über die ewige Ruhe seines wahren Selbst dahingleiten. Alle Umstände hat er dazu benutzt, sich immer fester in jenem unerschütterlichen Zustand zu verankern. Dies ist das Ziel, das Amma für uns bereithält. Sie erstrahlt als das vollkommene Beispiel dessen, was sie lehrt.

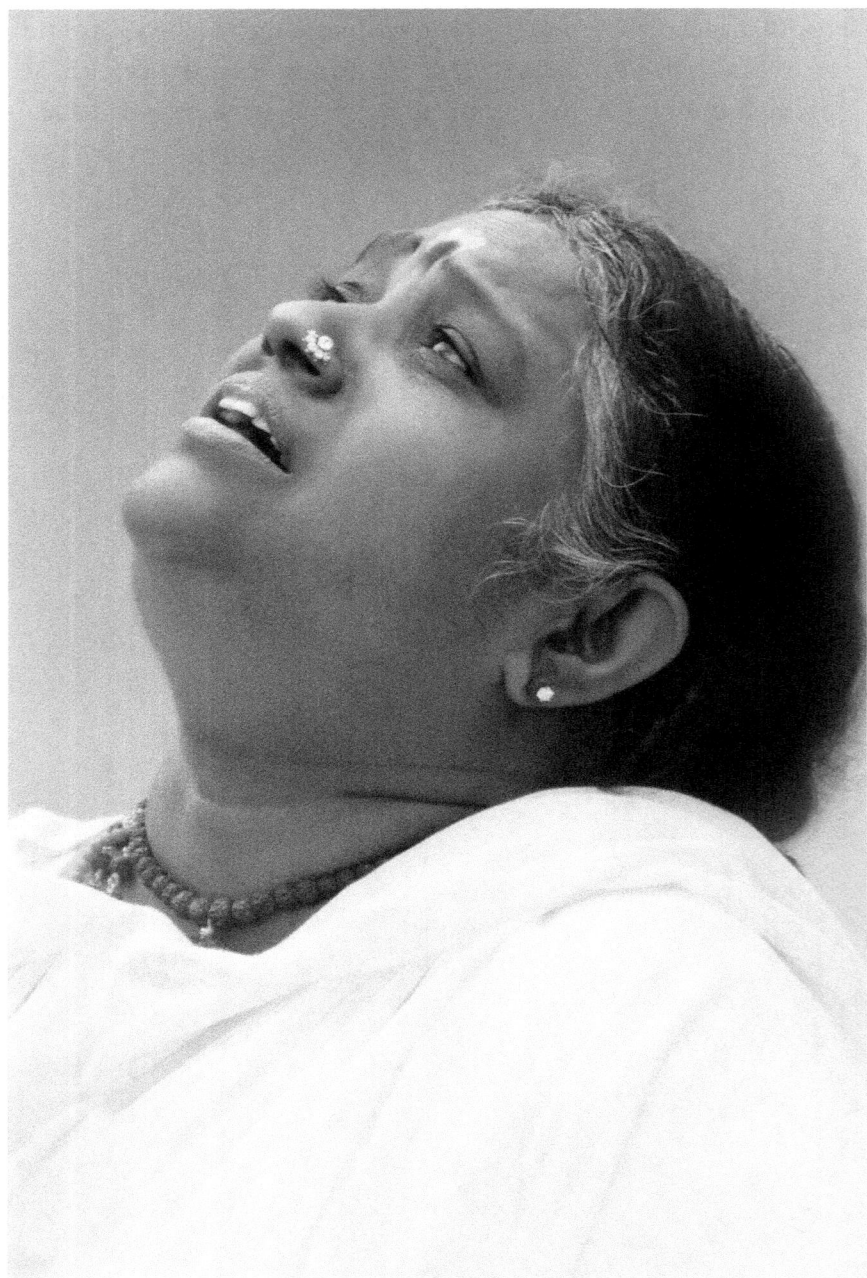

KAPITEL VIER

Einssein mit Gott

Aus aller Welt kommen zehntausende von Menschen aller Altersgruppen und Lebensbereiche zu Amma. Wenn auch jeder von ihnen an sie mit einer anderen Art von Wunsch, Verlangen und Sorge herantritt, so weist sie doch letztlich allen gegenüber auf dasselbe Ziel: Die Erlangung dauerhaften Glücks. Ihre Gegenwart und der Kontakt mit ihr vermitteln uns einen kurzen Einblick, geben uns einen flüchtigen Schimmer von jener Wonne.

Amma wird die meisten unserer Wünsche erfüllen, wenn sie das Gefühl hat, dies sei uns auf lange Sicht zuträglich; letzten Endes jedoch will sie, dass wir uns erheben über die bloße Wunschbefriedigung und dass wir unsere Ängste loslassen, damit wir den seligen Zustand des *samadhi* erreichen. Tatsächlich weiß sie, dass wir alle, wer immer wir auch sind, jenen erhabenen Zustand des Seins erreichen können. Sie versucht nicht, irgendjemanden von der Verfolgung seiner weltlichen Interessen abzuhalten, doch betont sie, dass am Ende nur *samadhi* den Durst der Seele stillen kann. Wir sind vielleicht der Auffassung, es sei den meisten von uns unmöglich, besagten Zustand zu erlangen. Wir sind mit unserer menschlichen Grundsituation ganz zufrieden: Ein wenig Vergnügen und nicht zu all zu viele Sorgen - das reicht uns vollständig aus. Amma sagt jedoch, dass wir mit Gott, dem Ozean der Seligkeit, wesenseins sind, selbst wenn wir im Augenblick anders empfinden. Die Mission ihres Lebens besteht darin, uns dahin zu führen, dass wir diese Wahrheit bewusst erfahren, wie lange es auch dauern mag. Sie erblickt in uns bereits die Göttlichkeit, ebenso wie ein Bildhauer in einem Steinblock schon das wunderbare Standbild wahrnimmt.

In ihrem Lied *Ananda Veethi* erzählt Amma von jener Mission, mit welcher sie von der Göttlichen Mutter beauftragt wurde:

„Eines Tages, vor langer Zeit, tanzte meine Seele entzückt entlang dem Pfad der Wonne. Während dies geschah, liefen all die inneren Feinde wie Anziehung und Abneigung davon und versteckten sich in den innersten Schlupfwinkeln meines Geistes. Selbstvergessen löste ich mich auf in einen goldenen Traum, der aus meinem Inneren hervorging, wo erhabene Ideale in meinem Geist Gestalt annahmen. Mit ihren strahlenden, sanften Händen streichelte die Göttliche Mutter des Universums mein Haupt. Mit gesenktem Haupt stand ich ehrerbietig da und eröffnete ihr, von nun an sei mein Leben eine Darbringung an sie.

Heute zittere ich bei dem Gedanken an das, was die Mutter damals sagte. Oh, reines Bewusstsein, Verkörperung der Wahrheit, ich werde Deine Worte beherzigen!

Mit einem Lächeln verwandelte sie sich in einen göttlichen Glanz und verschmolz mit mir. Die Geschehnisse von vergangenen Jahrmillionen stiegen auf in mir.

Mutter sagte mir, ich solle die Menschen dazu anhalten, den Zweck ihrer menschlichen Geburt zu erfüllen. Mein Geist blühte auf und badete in dem vielfarbigen Licht der Göttlichkeit.

Von diesem Tag an war ich unfähig, irgendetwas als getrennt von meinem eigenen inneren Selbst wahrzunehmen; alles war eine einzige Einheit. Ich verschmolz mit der Mutter und gab jegliche Neigung nach Vergnügungen auf.

‚Oh, Mensch, gehe auf in deinem Selbst!' Diese erhabene Wahrheit, die Mutter aussprach, verkünde ich der ganzen Welt. Möge dies denjenigen Zuflucht und Erleichterung bringen, die mit zahllosen Sorgen beladen sind.

Tausende und Abertausende von *yogis* sind in dem Land *Bharats* (Indien) geboren worden und lebten diese Prinzipien, die von den großen Weisen des Altertums erschaut wurden. Tiefgründige Wahrheiten gibt es, die dazu ausersehen sind, die Sorgen der Menschheit zu beseitigen.

‚Mein liebes Kind, gib alle anderen Werke auf; komme zu mir, denn du bist ewig mein.'"

Obwohl Ammas Rat unsere Fähigkeiten anscheinend weit übersteigt, sollten wir, indem wir auf sie vertrauen, auf der Pilgerreise des Lebens vorwärtsschreiten, hin zum seligen Zustand des Einsseins mit dem Göttlichen Wesen. Mehr als alles andere ist hierbei der Glaube die Macht, die dies ermöglicht.

Die Raupe und der Schmetterling

"Ich möchte dich zum Kindermädchen für meine armen Sprösslinge machen," sagte ein Schmetterling zu einer schweigsamen Raupe, die sich auf einem Kohlblatt befand. „Schau dir diese kleinen Eier an," fuhr der Schmetterling fort, „ich weiß nicht, wie lange es noch dauert, bis sie ausschlüpfen, und ich fühle mich sehr krank. Wer soll sich um meine Babys kümmern, wenn ich nicht mehr bin? Wirst du es tun, sanftmütige grüne Raupe? Natürlich können sie nicht von deiner rohen Nahrung leben. Du musst ihnen Morgentau und Blütenhonig geben, und du darfst sie anfangs nur ein wenig umherfliegen lassen. Oje, es ist eine Schande, dass du nicht selbst fliegen kannst. Ach du liebe Zeit, ich weiß nicht, was mich dazu brachte, hierher zu kommen und auf einem Kohlblatt meine Eier zu legen! Was für ein Platz für Schmetterlinge, ausgerechnet hier auf die Welt zu kommen! Da, nimm diesen Goldstaub von meinen Flügeln als Belohnung! Oh, ich fühle mich ganz schwindlig! Du wirst dich doch an das erinnern, was ich dir über die Fütterung sagte, Raupe...."

Mit diesen Worten erschlafften die Flügel des Schmetterlingsweibchens, und es hauchte seine Seele aus. Die grüne Raupe, die während der ganzen Zeit nicht einmal die Gelegenheit bekommen hatte, auf diese Bitte mit ja oder nein zu antworten, stand nun mit den Schmetterlingseiern alleine da. „Ein schönes Kindermädchen hat sie sich ausgesucht, die arme Frau!", rief die Raupe. „Eine tolle Aufgabe habe ich da übernommen! Warum in aller Welt hat sie ausgerechnet ein armes kriechendes Geschöpf ausgewählt, um ihren Nachwuchs großzuziehen! Ich bin sicher, sie werden sich um mich kümmern, wenn sie fühlen, wie die Flügel aus ihrem Rücken wachsen und sie in der Lage sind, wegzufliegen!"

Doch der arme Schmetterling war tot, und dort auf dem Kohlblatt lagen die Eier. Die Raupe hatte ein weiches Herz, und so entschloss sie sich, das beste aus der Situation zu machen. „Zwei Köpfe sind besser als einer!", sagte sie sich. „Ich werde in dieser Angelegenheit ein weises Tier konsultieren." Sie dachte nach und kam schließlich auf die Lerche. Der Gedanke gefiel ihr, pflegte sich diese doch hoch in die Lüfte emporzuschwingen. Niemand wusste, wohin sie flog; sie musste einfach klug sein und über eine Menge von Kenntnissen verfügen.

Die Lerche lebte auf dem Kornfeld nebenan, und die Raupe sandte ihr folgende Nachricht: „Bitte um Kontaktaufnahme und Gespräch.". Als die Lerche kam, erzählte sie ihr von all ihren

Schwierigkeiten und fragte sie, wie sie die Schmetterlingsbrut füttern und aufziehen sollte.

"Wenn du das nächste Mal aufsteigst, könntest du in dieser Angelegenheit vielleicht Erkundigungen einholen und einiges in Erfahrung bringen", schlug die Raupe kleinlaut vor.

"Möglicherweise kann ich das", antwortete die Lerche. Dann stieg sie singend auf in den hellblauen Himmel, bis die Raupe sie irgendwann weder hören noch sehen konnte. So kroch sie zwischen den Schmetterlingseiern umher, wobei sie hin und wieder ein wenig an dem Kohlblatt knabberte.

Schließlich war die Stimme der Lerche wieder zu vernehmen. Die Raupe war darüber so erfreut, dass sie beinahe aufsprang. Wenig später durfte sie mit ansehen, wie ihre Freundin sich auf dem Kohlbett niederließ. "Neuigkeiten, es gibt Neuigkeiten!", sang die Lerche. "Doch du wirst mir wahrscheinlich nicht glauben! Zunächst einmal werde ich dir sagen, was die richtige Nahrung für diese kleinen Geschöpfe ist. Was glaubst du wohl? Rate einmal!" Ich fürchte, Tau und Honig von den Blüten!", seufzte die Raupe. - "Nichts von alledem!", rief die Lerche aus. "Du hast sie mit Kohlblättern zu füttern!" - „Niemals!", entgegnete die Raupe empört. „Es war die letzte Bitte der Mutter an mich, sie mit Tau und Honig zu füttern."

"Ihre Mutter hatte von diesen Dingen keine Ahnung", antwortete die Lerche. Doch wieso fragst du mich erst und ziehst dann in Zweifel, was ich dir sage? Du besitzt weder Glauben noch Vertrauen. Was glaubst du wohl, was aus jenen kleinen Eiern schließlich werden wird?"

"Mit Sicherheit Schmetterlinge", sagte die Raupe.

"Raupen!" sang die Lerche. „Im Laufe der Zeit wirst du es herausfinden." Anschließend flog die Lerche fort.

"Ich dachte, die Lerche sei weise und freundlich," sagte die Raupe zu sich selbst, indem sie sich abermals zwischen den Eiern umherbewegte. „Ich muss jedoch feststellen, dass sie dumm und unverschämt ist. Vielleicht ist sie diesmal zu weit nach oben geflogen."

Plötzlich flog die Lerche wieder hinab und sagte: „Ich erzähle dir noch etwas: Du wirst eines Tages selbst ein Schmetterling sein!"

"Grässlicher Vogel", rief die Raupe aus. "Du willst mich wohl zum Narren halten. Jetzt bist du nicht mehr nur dumm sondern auch grausam. Verschwinde! Ich werde dich von nun an nicht mehr um Rat fragen."

"Ich sagte dir ja, du würdest mir nicht glauben", schrie die Lerche.

"Ich glaube alles, was zu glauben im Einklang mit der Vernunft steht, doch mir zu erzählen, dass aus Schmetterlingseiern Raupen ausschlüpften und dass Raupen irgendwann aufhörten zu kriechen, Flügel bekämen und selbst zu Schmetterlingen würden! Mein Gott, Lerche, diesen ganzen Unsinn glaubst du doch selbst nicht! Du weißt, dass es unmöglich ist. Schau auf meinen länglichen grünen Körper, auf die vielen Beine, und dann willst du mir erzählen, ich würde Flügel bekommen, du Närrin!"

"Oh, Raupe", rief die entrüstete Lerche, "was von oben kommt, empfange ich voller Vertrauen."

"Was meinst du damit?", fragte die Raupe. "Ich spreche vom Glauben", antwortete die Lerche.

"Wie kann ich lernen, zu glauben?", fragte die Raupe. In diesem Augenblick bemerkte sie etwas neben sich. Sie schaute hin und sah, wie sich acht bis zehn kleine grüne Raupen, die bereits ein Loch in das Kohlblatt gefressen hatten. umherbewegten. Sie hatten die Schale der Schmetterlings-Eier durchbrochen! Scham und Erstaunen erfüllten nun das Herz der grünen Raupe, doch bald stellte sich Freude ein. War nämlich das erste Wunder möglich, so galt dies vielleicht auch für das zweite."

Sie hatte die Lektion der Lerche im Hinblick auf Glauben nun gelernt, und als sie sich in ihre Insektenpuppe begab, sagte sie: "Eines Tages werde ich ein Schmetterling sein!"

Ihre Verwandten jedoch dachten, sie sei verrückt und sagten nur: „Armes Ding!"

In der *Bhagavad Gita* heißt es:

„Der Glaube jedes Menschen entspricht seiner jeweiligen Natur., oh *Bharata*. Der Mensch besteht aus seinem Glauben, und wie sein Glaube ist, so ist auch er."

— Kap. 17, v. 3

„Derjenige, der voller Vertrauen ist, sich der Erkenntnis widmet und die Sinne beherrscht, erlangt ebendiese Erkenntnis, und sobald er sie erlangt hat, erreicht er sofort den höchsten Frieden."

— Kap. 4, v. 39

Wenn unsere Bemühungen im Zusammenwirken mit Ammas Gnade einst Früchte tragen, welcher Art wird dann unsere Erfahrung sein? Man höre auf die Worte eines *mahatmas*, der die Wahrheit seines inneren Wesens verwirklichte: "Ich bin weder ein *brahmachari*, ein Haushälter, noch ein *sannyasi*; ich bin allein reine Bewusstheit.

Ebenso wie die Sonne die Ursache aller Bewegungen innerhalb der Welt ist, so verursache ich, das allgegenwärtige Selbst, dass der Geist aktiv ist und die Sinne in Funktion treten.

Nur jene Augen - und keine anderen - welche die Hilfe der Sonne erlangen, sind fähig, Gegenstände wahrzunehmen. Die Quelle, aus der die Sonne ihre Kraft erhält, ist mein Selbst.

So wie das Spiegelbild der Sonne auf unruhigen Wassern verzerrt erscheint, auf einer ruhigen Wasseroberfläche jedoch vollkommen bleibt, so bin auch ich, das bewusste Selbst, Menschen mit einem ruhelosen Intellekt unerkennbar, während ich im Falle derjenigen, die ruhevoll sind, in aller Klarheit leuchte.

So wie ein durchsichtiger Kristall die Farbe seines Hintergrundes annimmt, selbst jedoch hierdurch keinerlei Veränderung erleidet, so wie der unveränderliche Mond auf wellenartigen Wasseroberflächen bewegt erscheint, so verhält es sich auch mit mir, der alldurchdringenden höchsten Wirklichkeit."

– Hastamalaka Stotra

Dies ist die Erfahrung der Selbstverwirklichung.

KAPITEL FÜNF

Kindliche Unschuld
gegenüber dem Guru

Im Hinblick auf das spirituelle Leben misst Amma kindlicher Unschuld große Wichtigkeit bei. Auch Christus sagte etwas Ähnliches:

> „Wenn ihr nicht werdet wie kleine Kinder, werdet ihr auf keinen Fall in das himmlische Königreich eintreten. Wer demütig ist wie dieses kleine Kind, ist der Größte im Königreich des Himmels. Lasst die kleinen Kinder zu mir kommen, und hindert sie nicht daran, denn von der Art ist das himmlische Königreich."

Das himmlische Königreich ist nicht ein Ort oberhalb der Wolken. Es ist der Zustand des Gottesbewusstseins. Möglicherweise ist es auch eine Existenzebene, wo sich erleuchtete Seelen aufhalten.

Versucht euch daran zu erinnern, wie es war, als ihr noch Kinder wart. Was ist der Hauptunterschied zwischen damals und heute? Voller Unschuld glauben Kinder alles und empfinden keinerlei Sorgen. Sie leben in der Gegenwart. Ihre negativen Gefühle dauern nur einen Augenblick an. Sie sind voller Leben und betrachten auch alles um sich herum als lebendig. Ihre Ideen über Gott sind im höchsten Grade erfrischend und unschuldig, um nur das Geringste zu sagen.

Wie ein Sechsjähriger sich Gott vorstellt

"Eine von Gottes Hauptaufgaben ist es, Menschen zu erschaffen. Er tut es, um diejenigen, welche sterben, durch sie zu ersetzen. Auf diese Weise gibt es immer genug Leute, die sich um die Dinge hier auf Erden kümmern können. Er erschafft jedoch keine Erwachsenen sondern nur Babys. Ich nehme an, der Grund dafür ist, dass sie kleiner sind und es einfacher ist, sie herzustellen. So muss er seine wertvolle Zeit nicht damit verschwenden, ihnen das Gehen und Sprechen beizubringen. Er kann dies einfach den Müttern und Vätern überlassen. Ich bin der Meinung, das klappt ganz gut.

Gottes zweitwichtigste Aufgabe ist es, sich Gebete anzuhören. Dies kostet eine Menge Zeit, da manche Leute wie etwa Prediger und andere, noch zu anderen Zeiten beten als nur vor dem Schlafengehen. Großvater und Großmutter beten jedes Mal, wenn sie essen, es sei denn es handelt sich um Snacks. Aus diesem Grund hat Gott keine Zeit, Radio zu hören oder fernzusehen. Da Gott alles hört, muss in seinen Ohren ein ungeheurer Lärm herrschen, es sei denn, er hat eine Möglichkeit gefunden, ihn abzustellen.

Gott sieht und hört alles und ist überall gleichzeitig, weswegen er ziemlich viel zu tun hat. Daher solltest du seine Zeit nicht damit verschwenden, ihn um Dinge zu bitten, die unwichtig sind, noch in deiner Bitte an ihn die Eltern übergehen, wenn es sich um Sachen handelt, von denen sie nicht wollen, dass du sie bekommst. Es funktioniert sowieso nicht."

– The Joyful Newsletter

Wenn wir zu einem selbstverwirklichten Meister wie Amma kommen, wird sie viel Mühe darauf verwenden, unsere unschuldige Charakterseite ans Tageslicht zu bringen. Wie wird man unschuldig? Es ist nicht so, dass wir sie nicht schon besäßen. Sie ist da, doch ist sie verborgen unter der Fassade von Ärger, Lust, Ehrgeiz und anderen Charakterzügen des „Erwachsenseins". Sie müssen beseitigt werden, damit die Unschuld hervorleuchten kann. Die Sonne ist allezeit vorhanden, selbst an einem extrem bewölkten Tag. Unschuld ist unsere wahre Natur; wir sind die Kinder Gottes, doch unbeabsichtigt sind wir zu Kindern des „Menschen" geworden.

Ammas Leben dient dazu, dass wir zu unserer wahren Natur erwachen. Tatsächlich erlangen wir Unschuld einfach nur dadurch, dass wir etwas Zeit mit ihr verbringen. Ihre Gegenwart gleicht der Sonne, die die Feuchtigkeit austrocknet. Sie trocknet unsere negative Natur aus, um das „innere Kind" hervorzulocken. Wir erfahren Erleichterung und fühlen uns erfrischt, wenn wir mit ihr zusammen sind. Amma weiß, dass der Kontakt mit ihr nur der Beginn ist für die Rückgewinnung unserer Unschuld. Sie arbeitet persönlich an uns, wenn wir physisch in ihrer Nähe, ja sogar, wenn wir es nicht sind.

Unser Leben wird die Richtung nehmen, wo es uns möglich wird, den Geist von jenen Eigenschaften zu reinigen, die das „innere Kind" verdecken. Wir haben das Gift der Negativität geschluckt. Es muss ausgebrochen werden, damit unsere Reinheit hervorstrahlen kann. Wenn wir wollen, dass sich jemand erbricht, geben wir ihm entweder Salzwasser zu trinken oder stecken einen Finger in seinen Rachen. In ähnlicher Weise bringt Amma Situationen hervor, die das Schlimmste in uns ans Tageslicht treten lassen. Dies geschieht, damit anschließend das Beste hervortreten kann. Es mag uns vielleicht so vorkommen, als ob Zorn, Lust, Stolz oder Pech zugenommen hätten, nachdem wir bei ihr waren. Wir dachten, wir würden im Laufe der Zeit durch unseren Kontakt mit Amma immer glückseliger werden, doch was ist stattdessen geschehen? Wenn wir etwas erbrechen, was uns krank macht, fühlen wir uns zuerst schrecklich. Anschließend werden wir gesund. Das Durchgangsstadium des Leidens, welches wir durch Ammas Gnade durchzumachen haben, wird eines Tages vorbei sein und Seligkeit wird an seine Stelle treten. Wie eine Mutter die Hand ihres Kindes festhält, wenn es laufen lernt, so ruht Ammas allgegenwärtiges Auge der Weisheit auf ihren Kindern, wenn diese sich damit abmühen, auf dem Pfad der spirituellen Verwirklichung laufen zu lernen. Sie wird uns gegenüber ihre Pflicht erfüllen, doch währenddessen sollte unser Glaube nicht ins Wanken geraten.

Amma führt uns auf unbekanntes Terrain. Niemand kann nachträglich genau den Pfad eines Vogels am Himmel oder eines Fisches im Meer bestimmen. Wirkliche Spiritualität ist von dieser Art. Der Pfad ist subtil und für jedermann anders. Er findet sich nicht in Büchern und kann durch nichts anderes als die Gnade eines *mahatma* ermittelt werden. Im wesentlichen besteht er in der Überantwortung unseres Egos - d.h. unserer irrigen Vorstellung von Individualität - an den Willen Gottes und des *gurus*. Dies wird uns zu dem Ziel führen, das der Meister für uns bereithält. Natürlich kann dieser Prozess uns aufgrund unserer modernen Erziehung widersinnig erscheinen. Die gegenwärtige Kultur lehrt uns, die Persönlichkeit mehr und mehr zu stärken. Man muss sich fragen, ob dies wirklich der Weg ist, friedvoll und glücklich zu werden, sofern es ohne Frieden kein Glück geben kann. Es gibt die Möglichkeit, eine Vorstellung von diesem Prozess zu bekommen, nämlich indem man sich als eine Welle im Ozean begreift. Der Ozean ist Gott, und die Welle ist eine Manifestation dieses Ozeans. Sie ist niemals von ihm getrennt, doch scheint sie eine individuelle Existenz zu besitzen. Der Grund des Ozeans ist still, doch die Wellen sind in ständiger Bewegung und Unruhe. Wenn die Welle einfach unter die Oberfläche sinken könnte, würde sie die Einheit mit dem Ozean wahrnehmen, ja selbst zu ihm werden.

Die Prüfung des Gurus

Bhai Gurudas war der Onkel und gleichzeitig ein ehrerbietiger Schüler des Sikh-Gurus *Arjan*. Eines Tages komponierte er die folgenden Verse und las sie dem *guru* vor:

> Verhält sich eine Mutter ruchlos, dann ist es nicht am Sohn, sie dafür zu bestrafen;

> Verschluckt eine Kuh einen Diamanten, dann soll man ihren Magen nicht aufschneiden;

> Ist ein Mann untreu, dann sollte seine Gattin ihn niemals nachahmen oder ihre Keuschheit aufgeben;

> Wenn eine Frau, die aus einer hohen Kaste stammt, Wein trinkt, sollten die Menschen sie trotzdem nicht schlecht behandeln;

> Wenn ein *guru* seinen Schüler einer Prüfung unterzieht, sollte dessen Glaube nicht ins Wanken geraten.

Guru Arjan hörte dem, was *Gurudas* vorlas, aufmerksam zu. Als er fertig war, dachte sich der *guru*: „All diese Dinge sind leichter gesagt als getan. Ich will seinen Glauben einem Test unterziehen." Er wandte sich *Gurudas* zu und sprach zu ihm: „Onkel, ich muss in Kabul einige Pferde kaufen. Könntest nicht du das für mich übernehmen?" „Wieso nicht? Kein Problem!", antwortete der Schüler. Daraufhin füllte der *guru* mehrere Taschen mit Goldmünzen. *Gurudas* zählte sie, versiegelte dann die Taschen und verstaute sie in schweren Holzkisten. Diese wurden auf den Rücken von Maultieren gepackt; dann begab er sich zusammen mit einigen andern Schülern des Meisters auf eine lange, strapaziöse Reise, die sie von Lahore, wo sich der Wohnsitz des *guru* befand, nach Kabul führen sollte. Nachdem sie den Khyber-Pass überquert hatten, erreichten sie zu angemessener Zeit schließlich Kabul, das sich inmitten der Berge des Hindukusch befindet. Auf dem großen Pferdemarkt der alten Stadt kam *Gurudas* ins Geschäft mit den Pferdehändlern und kaufte die besten Tiere, die er finden konnte. Diese wurden von den anderen Schülern übernommen, welche sie langsam nach Lahore zurückbringen sollten. In der Zwischenzeit bat *Gurudas* die Pferdehändler, mit zu seinem Zelt zu kommen, damit er sie bezahlen konnte. Er ließ sie außerhalb des Zeltes warten und ging hinein, um das Gold zu holen. Als er ein paar von den Kisten öffnete, nahm er die benötigten Taschen heraus, doch hatte er das Gefühl, dass irgendetwas nicht in Ordnung war. Er öffnete sämtliche Taschen, und zu seinem großen Entsetzen stellte er fest, dass sich in allen von ihnen anstatt Goldmünzen Kieselsteine befanden. Nun war er außer sich vor Furcht, denn er kannte die ungezähmte Natur der Pferdehändler. „Dort vor dem Zelt warten sie darauf, dass ich sie bezahle; wenn ich das nicht tue, werden sie mich in Stücke schneiden", dachte er bei sich.

Er dachte nach und kam am Ende zu dem Schluss, dass die einzige Fluchtmöglichkeit darin bestand, die Rückseite des Zeltes aufzuschneiden und durch ein Loch zu verschwinden. Er betete nicht einmal zu seinem *guru* um Hilfe, so sehr war er von Furcht ergriffen. Er sprang durch das Loch, ergriff die Flucht und rannte, so schnell er nur konnte. Beschämt, seinem *guru* gegenüberzutreten, reiste er durch Lahore hindurch, ohne dort haltzumachen und schlug stattdessen seinen Weg nach *Kashi* ein, das hunderte von Kilometern weiter östlich liegt.

Inzwischen waren die anderen Teilnehmer seiner Reisegruppe in das Zelt gegangen, um herauszufinden, wieso *Gurudas* so lange brauchte, um die Pferdehändler zu bezahlen. Dort entdeckten sie die Kisten, die alle geöffnet und mit Gold gefüllt waren, doch von *Gurudas* fand sich keine Spur. Auch bemerkten sie das Loch im Zelt. Sie bezahlten die Pferdehändler und machten sich auf die Rückreise nach Lahore, wo sie *Arjan* berichteten, was vorgefallen war.

Nachdem er sich in *Kashi* niedergelassen hatte, begann *Gurudas* auf öffentlichen Plätzen die großen Wahrheiten der Schriften darzulegen und versammelte dort bald eine große Zuhörerschaft um sich. Schließlich suchte sogar der Gouverneur von *Kashi* diese Plätze auf, um *Gurudas'* inspirierenden Reden voll Bewunderung zuzuhören.

Nach einigen Monaten schrieb *Guru Arjan* dem Gouverneur einen Brief mit folgendem Inhalt: „In *Kashi* hält sich ein Dieb auf, der mich bestohlen hat, und ich schreibe an Euch, um Euch freundlich darum zu bitten, ihn zu verhaften, zu fesseln und zu mir zurückzuschicken. Ihr braucht nach diesem Dieb nicht lange zu suchen. Das bloße Vorlesen dieses Briefes an öffentlichen Versammlungsplätzen und Orten, wo Kundgebungen stattfinden, reicht vollkommen aus, um ihn zu finden, denn der Dieb selbst wird sich äußern, wenn er hört, wie der Brief vorgelesen wird."

Wenig später begab es sich, dass der Brief an jenem Platz vorgelesen wurde, wo *Gurudas* vor eine großen Menschenmenge eine Ansprache hielt. In demselben Augenblick, da er den Inhalt des Briefes vernahm, stand er auf und sagte: „Ich bin der Dieb." Seine Zuhörer waren geschockt. Sie sagten: „Du kannst doch niemals ein Dieb sein, denn du bist ein heiliger Mann. Es muss jemand anderer sein." Doch *Gurudas* bestand darauf: „Nein, ich bin der Dieb. Es kann kein Zweifel daran bestehen. Bitte fesselt meine Hände, so dass ich nicht entkommen kann." Niemand trat vor, um dies zu tun, denn es war undenkbar, einen heiligen Mann wie einen gewöhnlichen Räuber zu fesseln. Also zog *Gurudas* seinen

Turban aus, schnitt ihn in zwei Teile und fesselte sich damit seine eigenen Hände.

So gefesselt begab er sich anschließend frohgemut nach Lahore zurück. Als er schließlich dort ankam und vor seinem *guru* stand, sagte dieser: „Onkel, bitte wiederhole jene Verse, welche du mir vorgelesen hast, bevor du nach Kabul gereist bist." Doch *Gurudas*, der einer Prüfung unterzogen und einigen bitteren Erfahrungen ausgesetzt worden war, um seine Liebe und seinen Glauben herauszufordern, fiel dem *guru* zu Füßen und rief aus: „

„Wenn eine Mutter ihrem Sohn Gift gibt, wer wird ihn dann retten?

Wenn ein Wachmann ins Haus einbricht, wer soll es dann noch hüten?

Wenn der Führer einem Reisenden den falschen Weg weist, wer kann ihn dann auf den rechten Weg zurückbringen?

Wenn das Gehege selbst die Saat frisst, wer soll sie dann noch schützen?

Ebenso, wenn der *guru* die Schüler einer Prüfung unterzieht, wer kann ihnen dann helfen, standfest zu bleiben?"

Nur der *sadguru* vermag es, aufgrund seiner spirituellen Kraft und Gnade dafür zu sorgen, dass der Schüler standfest und im Angesicht herausfordernder Umstände von Hingabe erfüllt bleibt.

KAPITEL SECHS

Freundlichkeit contra Selbstsucht

Amma sagt:
> "Wenn ihr danach strebt, Befreiung zu erlangen, Kinder, gebt die Selbstsucht auf. Versucht stattdessen, die Sorgen der Niedergedrückten anzuhören."

Die meisten von uns wissen nicht, was das Wort „Befreiung" in dem Sinne, wie Amma es verwendet, bedeutet. Normalerweise versteht man darunter das Freisein von Gefangenschaft bzw. das Entkommen aus ihr. Amma meint dasselbe, jedoch in der weitesten Bedeutung des Begriffs, nämlich frei zu sein von allen Begrenzungen individueller Existenz. Vielleicht befinden sich unsere Hände und Füße nicht in Ketten, wir sind vielleicht nicht in einem Gefängnis oder einem Zimmer eingesperrt, gleichwohl ist unser Geist gefesselt von Anziehung, Abneigung oder Furcht, was je nach Umständen zu Vergnügen, Schmerz oder Unruhe führt. Die meisten von uns besitzen nur ein geringes Ausmaß an Geistesfrieden, und schon der nächste Augenblick vermag dieses Wenige zu vernichten. Unser Geist ist unruhig wie ein Affe und muss jederzeit in Beschäftigung gehalten werden. Andernfalls langweilen wir uns oder schlafen ein.

Angenommen wir haben eine Menge Geld an der Börse investiert. Der Dow Jones geht höher und höher - unser Glücksgefühl steigt und steigt. Wir sind im siebenten Himmel. Dann gibt die Zentralbank irgendeine schlechte Nachricht heraus, und die Börsenkurse fallen; vielleicht gerät auch der Wert der Aktienkurse unserer Firma ins Wanken oder unsere Konkurrenz überholt uns. Vielleicht schikaniert uns unser Chef. Bevor wir noch in der Lage sind, die Situation zu bereinigen, haben wir bereits einiges von unserem Glück und Geistesfrieden verloren. Möglicherweise werden wir unglücklich und machen uns ständig Sorgen. Dies geschieht am laufenden Band überall um uns herum, selbst wenn wir glauben, es würde uns nicht passieren.

Vor vielen Jahren hatte ich Kontakt mit einem Devotee, der alles verlor, als die Technologieblase platzte. Doch während manche Menschen Selbstmord begingen, war dieser Mensch aufgrund von *sadhana* und jahrelangem Kontakt mit Amma in der Lage, eine ausgeglichene Geisteshaltung aufrechtzuerhalten. Es war ein wirkliches Beispiel für den praktischen Nutzen, Ammas Lehren von Überantwortung und Loslösung zu folgen. Es ist seltsam, dass der Durchschnittsmensch solch eine Technik weder von seinen Eltern noch in der Schule lernt. Dies ist mit Sicherheit ein Grund für Ammas Hinweis, dass es zwei Arten von Ausbildung gibt: Eine, um seinen Lebensunterhalt zu verdienen und eine andere, um zu lernen, wie man im Leben zurechtkommt. Selbst triviale Umstände können viele von uns aus der Fassung bringen. Wir alle haben schon von aggressivem Verhalten im Straßenverkehr gehört. Vielleicht sind es auch unsere Frau, unser Mann, unser Kind oder ein Freund, welche uns innerlich kochen lassen. Wir sind möglicherweise sogar aufbrausend gegenüber denjenigen, die uns nur ein wenig verletzen. Es führt dazu, dass das Leben für alle zur Hölle wird - für uns selbst, wie auch für diejenigen, die mit uns zu tun haben.

Die Geschichte des Geheimnisses von Himmel und Hölle

Ein alter japanischer Mönch saß in tiefer Meditation am Straßenrand. Seine Augen waren geschlossen, seine Hände gefaltet und seine Beine lagen gekreuzt auf seinem Schoß. Plötzlich wurde seine Meditation durch die raue und fordernde Stimme eines Samurai-Kriegers jäh unterbrochen. „Alter Mann! Belehrt mich über Himmel und Hölle!" Zunächst war seitens des Mönches keinerlei Reaktion zu vernehmen, ganz so, als habe er nicht zugehört. Doch allmählich öffnete er die Augen, und während der Samurai ungeduldig dastand und mit jeder Sekunde unruhiger wurde, war um die Mundwinkel des Mönches der leise Anflug eines Lächelns zu erkennen. Schließlich sagte er zu dem Krieger: „Du möchtest die Geheimnisse von Himmel und Hölle erfahren - du, der du verwahrlost bist, dessen Hände und Füße mit Schmutz bedeckt sind, dessen Haar ungekämmt, dessen Atem übelriechend, dessen Schwert in rostigem und vernachlässigtem Zustand ist; du, dessen Mutter ihren Sohn auf sonderbare Weise einkleidet - du also befragst mich über Himmel und Hölle!"

Der Samurai stieß einen abscheulichen Fluch aus. Er zog sein Schwert und hob es hoch über seinen Kopf. Sein Gesicht nahm eine rötliche Färbung an und die Adern auf seinem Hals traten in scharfem Relief hervor, als er im Begriff war, das Haupt des Mönches von dessen Schultern zu trennen.

"Dies ist die Hölle", sagte der Mönch sanftmütig, gerade in dem Moment, als das Schwert nach unten sauste.

Im Bruchteil einer Sekunde war der Samurai von Erstaunen, Ehrfurcht, Mitgefühl und Liebe für diesen gütigen Menschen ergriffen, der es gewagt hatte, sein eigenes Leben zu riskieren, um ihm eine derartige Lektion zu erteilen. In jenem Bruchteil einer Sekunde hielt sein Schwert mitten im Schwung inne, während Tränen der Dankbarkeit seine Augen benetzten.

„Und dies", sagte der Mönch, „ist der Himmel."

Infolge von *maya*, Gottes universaler Macht der Illusion, blickt unser Geist durch die Sinne nach außen und lässt und glauben, das Glück liege jenseits von uns.

Unaufhörlich versuchen wir unsere innere Unruhe und unseren Drang nach Frieden und Glück durch Anpassung an die Umstände zu befriedigen, um das maximale Ausmaß an Freude zu erlangen und es dann festzuhalten. Sofern wir nicht zu dem seltenen Typus der Selbstlosen gehören, werden wir egoistisch bei dem Versuch, unser Glück zu bewahren, selbst wenn dies auf Kosten des Glückes von anderen geht. Dies ist eine sehr fragile Art von Glück. Sie kann zu jedem Zeitpunkt zerbrechen und sich durch einen Wandel der Umstände verflüchtigen.

Wie es scheint, besitzen wir ein begrenztes Ausmaß an Freiheit, doch allzu oft verlaufen die meisten Dinge ungeachtet unserer Bemühungen nicht im Einklang mit unseren Wünschen. Schließlich versagt im Alter oder sogar noch früher unsere Gesundheit und wir sterben. Wenn jene Zeit kommt, kann kein Arzt uns helfen. Unser Körper und unser Geist sind durch die Gesetze der Natur beschränkt. Das Leben ist voller Begrenzungen und endet mit dem Tode. Dies ist kein sehr erfreuliches Szenario.

Wenn Amma davon spricht, Befreiung zu erlangen, meint sie das Entrinnen vor der Notwendigkeit all der aufeinanderfolgenden Existenzen, die wir zu durchlaufen und zu erfahren haben, sofern wir unseren Geist nicht läutern. Die Energie unserer ständigen Suche nach Glück treibt uns durch zahlreiche Geburten, bis wir, all dessen überdrüssig geworden, unseren Geist nach innen wenden, um unser wahres Selbst, die Quelle des Glücks, zu finden und dort ewig zu verweilen. Dies ist wahre Befreiung, die Befreiung aus dem scheinbar endlosen Zyklus von Geburt,

Tod und Wiedergeburt (*samsara*). Es ist das erhabene Ziel der Pilgerreise des Lebens, auf welcher sich alle Wesen befinden.

Unser Selbst zu erfahren verlangt nicht nur, dass wir verschiedene spirituelle Übungen wie *mantra japa*, hingebungsvolles Singen und das Studium der Schriften praktizieren, sondern es bedarf dazu auch der Entwicklung von Freundlichkeit, Geduld und Mitgefühl. Das Ego oder unsere individuelle Persönlichkeit, mit welcher wir uns irrtümlich identifizieren, wird allmählich geläutert und dehnt sich schließlich aus, um unser wahres Wesen zu offenbaren.

Wir glauben, indem wir selbstsüchtig sind, würden wir glücklich werden, doch wieder und wieder erhalten wir das gegenteilige Resultat. Dies ist das Spiel der *maya*. Solch eine selbstsüchtige Haltung verschließt den Lotus unseres Herzens. Jeder hat ein Herz; es ist nicht das Organ gemeint, das Blut durch unseren Leib pumpt, sondern jener Ort im Körper, an welchem wir Freude und Leid empfinden. Ist er verschlossen und dunkel, fühlen wir keinerlei Glück und Frieden. Wenn er sich hingegen einen Spalt öffnet, dringt ein wenig Licht ein und wir fühlen uns freudvoll und gelöst. Je mehr er sich öffnet, desto seliger und friedvoller wird unser Leben. Ein vollständig geöffneter Herz-Lotus ist dasselbe wie Selbstverwirklichung. Negative Gedanken wie Ärger, Ungeduld, Selbstsucht, Rachsucht etc. verschließen ihn immer mehr. Positive Gedanken wie Liebenswürdigkeit, Geduld, Selbstlosigkeit, Selbstaufopferung, Vergebung und Anteilnahme lassen ihn aufgehen. Der große Weise *Patanjali* belehrt uns, wie wir unser Verhalten so anpassen können, dass unser Herz-Chakra geöffnet bleibt:

> „Indem man eine Haltung von Freundlichkeit gegenüber den Glücklichen, Mitgefühl gegenüber den Unglücklichen, Freude an den Rechtschaffenen und

Gleichgültigkeit gegenüber den Bösartigen kultiviert, erlangt der Geiststoff seine ungetrübte Ruhe zurück."

— Yoga Sutras von Patanjali, Kap.1, Vers.33

Wir können den Herzlotus öffnen, indem wir gute Dinge tun, gute Worte aussprechen und gute Gedanken denken. Wir sollten ihn weder wissentlich noch unwissentlich verschließen und dadurch leiden. Man gebrauche das „Sesam, öffne dich" der Gutherzigkeit. Dies ist sehr simpel, keine schwierige Philosophie, der man folgen müsste. *Mahatmas* mögen es mehr, wenn wir gute Dinge tun und der Selbstsucht entsagen, als wenn wir ihnen Blumen, Kleider und Früchte bringen, *bhajans* singen oder meditieren.

Eine Geschichte über Freundlichkeit

Die Bibel sagt uns nicht, wie viele weise Männer oder *magis* nach Bethlehem reisten und zur Zeit der Geburt Jesu dem Stern folgten. Die populäre Tradition behauptet, es wären drei gewesen, Caspar, Melchior und Balthasar. Doch gibt es auch die Tradition eines vierten weisen Mannes namens Artaban. Als Artaban sich anschickte, auf Reisen zu gehen und dem Stern zu folgen, nahm er einen Saphir, einen Rubin und eine Perle von großer Kostbarkeit als Geschenk für den neugeborenen König mit, wo immer dieser auch zu finden sein mochte. Unterwegs und im Begriff, sich den anderen Weisen anzuschließen, unterbrach Artaban seine Reise, um sich um einen kranken Reisenden zu kümmern. Doch wenn er länger bleiben und ihm helfen würde, lief er Gefahr, das Zusammentreffen mit seinen Freunden zu verpassen. Er entschloss sich für das letztere, und dieser Aufschub führte tatsächlich dazu, dass er zu spät am vereinbarten Treffpunkt ankam. Die Karawane war bereits abgereist. Nun war Artaban auf sich allein gestellt. Er benötigte ein Transportmittel sowie Proviant, um die Wüste zu durchqueren. Also veräußerte er den Saphir, um Kamele und andere notwendige Dinge zu kaufen. Er war traurig, da der König diesen wertvollen Edelstein nun niemals erhalten würde. Artaban reiste weiter und erreichte Bethlehem, doch wiederum war er zu spät. Überall gab es Soldaten, die Herodes' Befehl ausführten, alle männlichen Kinder umzubringen. Daher nahm Artaban den Rubin heraus, um den Hauptmann zu bestechen und damit die männlichen Neugeborenen des Dorfes, in welchem er sich befand, zu retten. Die Kinder blieben unversehrt, und ihre Mütter waren außer sich vor Freude, doch damit würde auch der zweite Edelstein, der Rubin den König nicht erreichen.

Dreiunddreißig Jahre lang suchte Artaban vergeblich weiter, und schließlich gelangte er nach Jerusalem, wo an diesem Tage mehrere Kreuzigungen stattfinden sollten. Er eilte nach Golgatha, um mit seiner kostbaren Perle den römischen Wachmann zu bestechen und jenen Mann namens Jesus zu retten. Etwas sagte ihm, es sei der König der Könige, nach dem er sein Leben lang gesucht hatte. Gerade in diesem Augenblick schleifte man eine junge Frau durch die Straßen, um sie zum Sklavenmarkt zu bringen. Sie rief Artaban an und flehte um Hilfe. Mit nur leichtem Zögern gab er seine letzte Kostbarkeit, die wertvolle Perle, her, um das Lösegeld für die Frau zu bezahlen. Nun besaß Artaban keine Edelsteine mehr, die er dem König hätte schenken können. Als er den Ort erreichte, wo die Kreuzigungen stattfinden sollten, brach es ihm das Herz, denn es wurde ihm klar, dass er nun nichts mehr für Jesus tun konnte. Jesus schaute ihn an und sagte: „Sei nicht unglücklich, Artaban, Du hast mir dein ganzes Leben lang geholfen. Als ich hungrig war, gabst du mir zu essen, als ich durstig war, gabst du mir zu trinken, als ich nackt war, gabst du mir Kleidung, als ich ein Fremder war, batest du mich herein."

Einige behaupten, Artaban habe Jesus nie gefunden. Andere sagen, er sei der weiseste aller weisen Männer gewesen. Ich bin sicher, Amma würde mit den letzteren übereinstimmen. Den Lotus des Herzens zu öffnen ist das Schwerste und gleichzeitig das Lohnendste, was wir tun können. Es schlägt zu an der Wurzel des Ego, der Selbstsucht. Dies ist *tapas*, dies ist *sadhana*. Anderen, welche leiden, geduldig zuzuhören, ohne ruhelos zu sein oder sich zu langweilen; unser kleines Selbst vergessen zugunsten anderer, um sie zu trösten - dies ist der erhabene Pfad selbstloser Existenz, den Amma uns jeden Augenblick, am Tag wie in der Nacht, aufzeigt.

Können wir ihrem Beispiel folgen? Mit Sicherheit können wir es versuchen.

KAPITEL SIEBEN

Frieden ist unsere wahre Natur

Ein jeder strebt nach Geistesfrieden. Egal, wie viele sinnliche Freuden wir auch genießen mögen, am Ende werden wir ihrer müde und wollen nur noch Frieden. Ein wohlhabender Mensch hat vielleicht Gelegenheit, sich auf alle nur erdenkliche Weise zu amüsieren. Letztlich aber können weder Ehemann, Ehefrau, Freund noch Freundin, wie liebenswert sie auch sein mögen, einen wach halten, wenn man müde ist und sich nach der Seligkeit des Schlafes sehnt. Was ist das besondere am Schlaf, was ihn sogar begehrenswerter macht als sinnliche Freuden? Es ist der Frieden, die Abwesenheit von Subjekt und Objekt, eine Seligkeit des Einsseins.

Wenn wir beharrlich sind in unseren Anstrengungen und unserem *sadhana,* wenn wir unsere Energien nicht durch übermäßige sinnliche Vergnügungen und Gedanken vergeuden, wird der Geist allmählich zur Ruhe kommen, selbst wenn man gerade nicht meditiert. Diese Ruhe ist der Beginn des spirituellen Lebens.

Alle spirituellen Bemühungen dienen dem einen Ziel, den ruhelosen Geist zu konzentrieren. Frieden ist unsere wahre Natur, nicht die unterschiedlichen Attribute des Geistes wie etwa Vergessen, Erinnerung, Hass, Anziehung und Abneigung. Nicht einmal übernatürliche Kräfte wie etwa, die Vergangenheit und die Zukunft zu kennen, sind unsere wahre Essenz. Das eigene Wesen als vollkommenen Frieden zu erkennen und mit dieser

Einsicht weiter zu existieren - dies ist wirkliche Befreiung. Es ist höchste Seligkeit und Erfüllung.

Bis dieser Zustand permanenter Ruhe erreicht worden ist, gilt das, was Amma sagt:

> „Lasst den Geist hungern! Hört auf, ihn mit Gedanken zu füttern. Fortwährend füttern wir den Geist mit Wünschen und Gedanken. Es ist zu einer Gewohnheit geworden, und nun denkt der Geist, es sei die beste Art von Nahrung. Diese Gewohnheit sollte verschwinden. Der Geist muss wissen, dass eine solche Nahrung „Magenschmerzen" nach sich zieht, wenn nicht jetzt, dann später. Er sollte wissen, dass diese Fütterung mit Wünschen und Gedanken schädlich ist und dass es eine weitaus schmackhaftere und gesündere Art von Mahlzeit gibt. Die verschiedenen spirituellen Übungen sind in der Lage, das köstlichste und gesündeste Mahl zuzubereiten. Wenn man davon einmal gekostet hat, sollte man den Geist regelmäßig mit dem göttlichen Namen *(mantra-japa)*, mit *dhyana* (Meditation) sowie anderen spirituellen Übungen füttern Langsam wird so der Hunger nach mehr und mehr von solcher spirituellen Nahrung zunehmen, bis er schließlich einen außergewöhnlichen Charakter annimmt.

> Kinder, vergesst nicht, euer *mantra* zu rezitieren. Die Periode von *sadhana* gleicht der Besteigung eines hohen Berges. Man braucht eine Menge Kraft und Energie. Bergsteiger benutzen Halteseile, um sich aufwärts zu ziehen. Für euch ist *mantra-japa* das einzige Seil. Versucht daher ständig, euer *mantra* zu wiederholen. Kinder, wenn ihr einmal den Gipfel der Gottverwirklichung

erlangt habt, könnt ihr euch entspannen und für immer ausruhen."

Es existieren viele Wege, die zu diesem erhabenen zu Ziel führen. Amma sagt:

"Jeder Mensch ist anders. Wir sind alle einzigartig. Obwohl wir von verschiedenen Methoden zur Erlangung von Geistesfrieden sprechen (*japa*, Gebet und Meditation), gibt es in Wirklichkeit noch viel mehr. Manche erreichen es durch Kunst, Musik, Tanz oder Theater."

Gesang im Herzen, eine Darbringung an Gott

In der Mitte des 17. Jahrhunderts lebten in Cremona (Italien) drei Nachbarjungen, Salvador, Julio und Antonio, die der Musik sehr zugetan waren.

Wenn sie durch die Stadt schlenderten, pflegte Salvador, der eine wunderbare Tenorstimme besaß, zu singen und wurde dabei von Julio, welcher die Violine spielte, begleitet. Auch Antonio liebte die Musik und hätte gerne mitgesungen, doch seine Stimme quietschte wie eine Türangel. Alle Kinder machten sich über ihn lustig, wann immer er zu singen versuchte. Dennoch war Antonio nicht bar jeglichen Talentes. Sein wertvollster Besitz war ein Taschenmesser, das ihm sein Großvater geschenkt hatte. Immer war er dabei, etwas aus einem Stück Holz zu schnitzen. Mittels dieser Kunst gelang es ihm tatsächlich, ein paar sehr schöne Dinge zu verfertigen.

Als das alljährliche Stadtfest herannahte, wurden die Häuser und Straßen nach und nach mit wunderbaren Frühlingsdekorationen geschmückt. Die Menschen zogen ihre besten Kleider an und begaben sich auf die Straßen. An einem solchen Festtag hatten Salvador und Julio vor, zum Dom zu gehen, um dort inmitten einer großen Menschenmenge zu singen und zu spielen.

"Hättest du Lust, mit uns zu kommen?", riefen sie Antonio zu, der auf seinem Stuhl saß und an einem Stück Holz schnitzte. „Was macht es schon, dass du nicht singen kannst? Wir wollen dich in jedem Fall dabei haben." - „Natürlich will ich mitkommen!", antwortete Antonio. „Das Fest macht doch so viel Spaß." Die drei Jungen machten sich auf den Weg zur Kathedrale. Während sie die Straßen entlanggingen, dachte Antonio die ganze Zeit über ihre Bemerkung nach, er könne nicht singen. Es ließ ihn innerlich weinen, denn er mochte die Musik ebenso sehr wie sie, wenn auch seine Stimme ein wenig quietschte.

Als sie die Plaza erreichten, begann Julio die Violine zu spielen, worauf Salvador mit seiner melodiösen Stimme einsetzte. Die Menschen hielten an, um zuzuhören, wobei die meisten von ihnen den schäbig gekleideten Jugendlichen eine oder zwei Münzen zuwarfen. Ein älterer Mann trat aus der Menge hervor. Er gratulierte ihnen und drückte eine glänzende Münze in Salvadors Hand.

Im Nu war er in der riesigen Menschenmenge verschwunden. Salvador öffnete seine Hand und stieß hervor: „Schaut her, es ist eine Goldmünze!" Er klemmte sie zwischen seine Zähne, um sicherzugehen. Alle drei Jungen waren aufgeregt, und die Münze wechselte zwischen den dreien hin und her, jeder von ihnen wollte sie untersuchen. Alle stimmten darin überein, dass es sich um eine echte Goldmünze handelte.

„Er kann es sich aber auch gut leisten", sagte Julio. „Ihr müsst wissen, er ist der große Amati."

Verlegen fragte Antonio: "Und wer ist dieser Amati? Warum ist er so groß?"

Die beiden anderen Jungen lachten und Salvador sagte: „Hast du niemals etwas von Amati gehört?" - „Natürlich hat er es nicht", sagte Julio, „er hat keine Ahnung von Instrumentenherstellern. Er hat eine quietschende Stimme und versteht nur etwas von Holzschnitzereien." Julio fuhr weiter fort: „Zu deiner Information, Antonio, Amati ist ein großer Violinenbauer, vielleicht der größte in ganz Italien oder sogar der ganzen Welt, und er lebt hier in unserer Stadt."

Als Antonio an diesem Abend nach Hause ging, war ihm das Herz sehr schwer. Offensichtlich war er einfach zu oft wegen seiner quietschenden Stimme und seiner Schnitzereien ausgelacht worden. So verließ er früh am nächsten Morgen sein Haus und nahm sein kostbares Schnitzmesser mit. Seine Taschen waren vollgestopft mit ein paar von den Dingen, die er verfertigt hatte - einen schönen Vogel, eine Flöte, mehrere Statuen und ein kleines Boot. Antonio war entschlossen, sich auf die Suche nach dem großen Amati zu machen.

Schließlich fand er dessen Haus und klopfte sanft an die Vordertür. Als ein Diener öffnete, vernahm der große Meister Antonios quietschende Stimme und kam herbei, um zu erfahren, was dieser junge Mann so früh am Morgen von ihm wollte.

„Ich habe diese Dinge für Euch mitgebracht"; erklärte Antonio, als er seine Taschen leerte und die Dinge, die er geschnitzt hatte, hervorholte.

"Ich hoffe, Ihr werdet sie euch ansehen und mir sagen, ob ich genug Talent habe, um ebenfalls die Kunst des Violinenbaus zu erlernen. Amati nahm sie vorsichtig in die Hand und untersuchte jedes einzelne Stück. Dann bat er Antonio, in sein Haus zu kommen. "Wie ist dein Name?" -

"Antonio, Signore", stieß er quietschend hervor.

"Und warum willst du ausgerechnet Violinen herstellen?", fragte Amati in ziemlich ernstem Tonfall.

Impulsiv platzte es aus Antonio heraus: "Weil ich die Musik liebe, selbst jedoch nicht singen kann; meine Stimme hört sich an wie eine quietschende Türangel. Ihr habt gehört, wie wunderbar meine Freunde gestern vor der Kathedrale gesungen haben. Auch ich möchte Musik lebendig werden lassen."

Amati beugte sich vor, blickte Antonio in die Augen und sprach zu ihm: "Die Sache, die am meisten zählt, ist der Gesang im Herzen. Es gibt viele Möglichkeiten, den Musen zu dienen - einige Menschen spielen die Violine, andere singen, wieder andere malen schöne Bilder. Jeder trägt seinen Teil zum Glanz der Welt bei. Du bist ein Schnitzer, doch dein Gesang ist so edel wie der jedes anderen."

Die vom Meister gesprochenen Worte machten Antonio sehr glücklich, und niemals vergaß er diese Botschaft der Hoffnung. In sehr kurzer Zeit wurde Antonio ein Schüler des großen Künstlers. Sehr früh an jedem Morgen begab er sich in die Werkstatt Amatis, wo er seinem Meister zuhörte, von ihm lernte und im zusah. Nach vielen Jahren gab es kein einziges Geheimnis mehr, was den Bau einer Violine mit ihren siebzig unterschiedlichen Teilen anbetraf, welches er nicht gekannt hätte. Als er zweiundzwanzig Jahre alt war, erlaubte ihm sein Meister, auf eine Violine, die er selbst hergestellt hatte, seinen Namen einzugravieren. Im Laufe seines restlichen Lebens baute Antonio Stradivari Violinen - insgesamt mehr als 1100 - und versuchte jede einzelne von ihnen besser und schöner zu machen als die vorherige. Heute besitzt jeder, der eine „Stradivari" hat, einen Schatz, ein Kunstwerk, das mehrere Millionen Euro wert ist.

Wir sind vielleicht keine großen spirituellen Aspiranten oder vollkommene Entsagende, doch können wir alle unsere Fähigkeiten Gott darbringen, und er wird erfreut sein.

Wie *Sri Krishna* in the *Bhagavad Gita* sagt:

"Wenn jemand Mir mit Hingabe ein Blatt, eine Blume, eine Frucht oder etwas Wasser darbringt, dann esse Ich dies, was so von dem Hingebungsvollen mit geläutertem Geist geopfert wird. Was immer du tust, was immer du isst, was immer du opferst, was immer du gibst, welcher Art von Buße du dich auch widmest, tue es als eine Darbringung an Mich. Auf diese Weise wirst du befreit werden und zu Mir gelangen."

– Kap. 9, Vers 26

KAPITEL ACHT

Das einzigartige Ziel der menschlichen Geburt

Amma nimmt kein Blatt vor den Mund, wenn es um den Ernst des Lebens und den Wert der menschlichen Geburt geht. Erst nach endlos vielen Geburten in niedrigeren Lebensformern erlangt die Seele einen menschlichen Körper. Während jeder einzelnen Inkarnation, einschließlich der menschlichen, sind wir in erster Linie mit folgenden vier Dingen beschäftigt: Hunger, Durst, Sex, Furcht und Schlaf.

Was ist also so speziell daran, ein Mensch zu sein? Wir können Dinge im Hinblick auf ihren langfristigen Verlauf durchdenken, im Einklang mit unseren Schlussfolgerungen Entscheidungen treffen und dementsprechend handeln. Dies ist etwas, wozu Tiere nicht fähig sind. Sie sind entweder von der Natur „programmiert" oder können vom Menschen dressiert werden, doch vermögen sie nicht, in der gleichen Weise wie der Mensch zu denken und Überlegungen anzustellen. Menschen besitzen einen Intellekt, können unterscheiden zwischen dem, was gut oder schlecht ist und sind in der Lage, viele Dinge zu verstehen. Dieses charakteristische geistige Vermögen der Menschheit muss bis zum Tode trainiert und vervollkommnet werden. Dabei geht es nicht unbedingt und ausschließlich um die Weiterentwicklung der weltlichen Erkenntnis. Vielmehr ist damit das Wissen um unser zeitloses Wesen als Seele, als Bewusstsein gemeint. Selbst-Erkenntnis ist die höchste Errungenschaft und das höchste Glück, das man als Mensch erreichen kann. Nur Menschen besitzen die Fähigkeit, durch spirituelle Praxis die Natur zu transzendieren und ihre Instinkte zu kontrollieren.

Amma:

> "Kinder, unser Körper existiert nicht ewig. Jeden Augenblick kann er dem Tod anheimfallen. Nach endlosen Geburten werden wir schließlich als Mensch geboren. Wenn wir dieses wertvolle Leben vergeuden, indem wir uns wie Tiere benehmen, werden wir auch wieder eine tierische Geburt annehmen müssen, bevor wir abermals eine menschliche Geburt erlangen."

Einige zeitgenössische Spiritualisten vertreten die Ansicht, die Lehre der alten *rishis*, welche auch die Möglichkeit einschließt, dass ein Mensch als Tier wiedergeboren wird, könne nicht wahr sein. Sie klingt einfach zu unerfreulich. Dennoch sagen uns heilige Schriften wie die *Bhagavad Gita*, dass auf der langen Reise, die ein *jiva* (Individualseele) auf seinem Weg zur mystischen Vereinigung mit dem Schöpfer zurückzulegen hat, viele Ablenkungen möglich sind, welche sowohl Daseinsformen unterhalb wie oberhalb des menschlichen Bereiches einschließen. Eine klare Vorstellung vom Ziel des menschlichen Daseins sowie einen Aktionsplan oder eine „Aufgabenliste" zu haben, kann zur Lebensorientierung beitragen und zweckmäßig sein. Selbst wenn man das Ziel bis zum Ende des Lebens nicht erreicht, so wird man dadurch doch eine bessere nächste Geburt erlangen. Dies wird im sechsten Kapitel der *Bhagavad Gita*, wo es zwischen *Sri Krishna* und seinem Verehrer *Arjuna* zu einer erhellenden Diskussion über das Thema kommt, klar unterstrichen. Wir sollten die Stelle aufmerksam lesen.

„Arjuna sagte:

Dieser *yoga* der Ausgewogenheit, den Du lehrst, oh *Krishna* - ich sehe nicht, dass er angesichts der Ruhelosigkeit (des Geistes) von Bestand sein kann. Er ist wahrlich ruhelos, ungestüm, stark und unnachgiebig. Oh *Krishna*, ihn zu kontrollieren erscheint mir ebenso schwierig wie den Wind zu zähmen.

Der gesegnete Herr sprach:

Zweifellos, oh mächtig bewaffneter Sohn *Kuntis*, ist der Geist schwer zu beherrschen und ruhelos; aber durch Übung und durch Leidenschaftslosigkeit kann er gezähmt werden. Ich bin der Meinung, dass der *yoga* nur schwer von demjenigen erreicht werden kann, der sich nicht selbst beherrscht; der Selbstbeherrschte und Strebende jedoch kann damit Erfolg haben, sofern er die geeigneten Mittel anwendet.

Arjuna sprach:

Der Mensch, dem es nicht möglich ist, sich selbst zu beherrschen, obwohl er Glauben besitzt, und dessen Geist sich vom *yoga* abwendet, welches Ende hat er zu erwarten, da es ihm nicht gelungen ist, Vollkommenheit im *yoga* zu erreichen, oh *Krishna*? Da er von beidem abgefallen ist, wird er da, oh mächtig Bewaffneter, nicht vergehen wie eine zerborstene Wolke - irregeleitet auf dem Weg zu *Brahman*? Beseitige diesen meinen Zweifel vollständig, oh *Krishna;* denn niemandem außer Dir ist es möglich, ihn zu zerstreuen.

Der gesegnete Herr sprach:

Oh Partha, weder in dieser, noch in der nächsten Welt wird er untergehen; wahrlich, niemand, der Gutes tut, Mein Sohn, wird je Schaden erleiden. Nachdem er die Welt der Rechtschaffenen erlangt und sich dort für eine sehr lange Zeit aufgehalten hat, wird der, welcher vom *yoga* abgekommen ist, in einem reinen und wohlhabenden Haus eine neue Geburt erlangen. Oder er wird sogar in einer Familie weiser *yogis* geboren; wahrlich, eine solche Geburt ist in dieser Welt schwer zu erreichen. Hier kommt er mit dem Wissen in Berührung, das er sich in seinem früheren Körper angeeignet hat, und strebt mehr als zuvor nach Vollkommenheit, oh Sohn der *Kurus*. Eben wegen dieser früheren Praxis wird er, wenn auch unwillkürlich, weitergetragen. Selbst jemand, welcher bloß den *yoga* zu kennen wünscht, geht über das Wort *Brahmans* hinaus. Der *yogi* jedoch, der voll Eifer strebt und im Laufe vieler Geburten von Sünden gereinigt und vollkommen geworden ist, erreicht das höchste Ziel."

– *Bhagavad Gita,* Kap.6, Verse 33-45

Diese Verse geben uns im Hinblick auf unser spirituelles Leben einiges an Trost und Hoffnung. Wenn wir Devotees unsere gegenwärtige Lage betrachten, ist es nur natürlich, dass wir das Gefühl haben, das Ziel in dieser Inkarnation möglicherweise zu verfehlen. Wir machen uns Sorgen über unser Schicksal und darüber, wie unser nächstes Leben aussehen wird. Könnte nicht all unser Bemühen auf nichts hinauslaufen? Müssen wir wieder ganz von vorn anfangen? *Sri Bhagavan* jedoch sagt, wir sollen uns keine Sorgen machen. Nichts ist vergeudet. Unsere Bemühungen sind wie eine Geld-Einzahlung auf ein ewiges Konto. das unseren Tod überdauert, Leben auf Leben. Wir werden in den anderen Welten glücklich sein und danach unter Umständen wiedergeboren, die einer weiteren spirituellen Entwicklung förderlich sind. Selbst wenn wir es gar nicht wollen, werden wir gleichwohl mit größerer Intensität weitermachen. Der Gebrauch des Wortes „unwillig" ist sehr aufschlussreich. *Maya* gleicht der Schwerkraft. Stets zieht sie uns abwärts, selbst wenn wir uns dessen außer unter gewissen Umständen kaum bewusst sind. Aufgrund von *maya* verspüren Seelen in dieser Welt normalerweise nicht die Neigung zu ernsthaften spirituellen Bestrebungen. Fast alle Wesen sind mit der Befriedigung ihrer latenten Wünsche nach Vergnügungen sowie der Vermeidung von Leid ausreichend beschäftigt. Diejenigen jedoch, die sich in ihren vorherigen Inkarnationen aufrichtig um Befreiung bemüht haben, werden ungeachtet ihrer weltlichen Anhaftungen dazu tendieren, weitergehende und stärkere Bemühungen um Selbstverwirklichung zu unternehmen. Amma sagt, die bloße Tatsache, dass jemand relativ rasch spirituelle Fortschritte macht, weise darauf hin, dass die Person in ihrem vorherigen Leben *sadhana* praktiziert hat. Die Intensität, die sie im gegenwärtigen Leben an den Tag legt, ist Beweis für die Tatsache früher praktizierten *sadhanas*. Selbst wenn wir eine solche Intensität nicht besitzen, sollten wir gleichwohl jetzt danach streben, sodass wir, falls wir den höchsten Zustand im gegenwärtigen Leben nicht erreichen, ihm in der nächsten Inkarnation schon ein großes Stück nähergekommen sein werden. Es ist wirklich eine weise Investition.

Abgesehen von den obigen verbalen Zusicherungen sollten wir nicht vergessen, dass im Hinblick auf die Befreiung die Gnade des *guru* den machtvollsten Faktor darstellt. Schon dass Amma nur an uns denkt, reicht aus, den uralten Schleier spiritueller Unwissenheit (*ajñana*), der unser wahres Selbst verbirgt, zu zerreißen. Selbstverständlich bedarf es jedoch auch eigener intensiver Anstrengungen, um jene Gnade wirksam werden zu lassen.

Aktionsplan für Kinder

Worin besteht also jener oben erwähnte „Aktionsplan"? Als Kinder sind wir kaum etwas anderes als zweibeinige Tiere. Wir tun nichts anderes als sie: Essen, die Notdurft verrichten, schlafen, spielen, lieben, kämpfen usw. Doch nach einer gewissen Zeit, etwa mit fünf Jahren, sollten die Eltern dazu übergehen, eine Basis für unseren „Turm zum Himmel" zu legen. In diesem Stadium müssen die Voraussetzungen geschaffen werden, die wir benötigen, um die lange Reise zu Gott in Angriff zu nehmen.

Amma:

> "Bereits früh sollten Eltern damit beginnen, den Kindern spirituelle Ideen zu vermitteln. Wir sollten ihnen sagen, es existiere eine Macht, die alles kontrolliert und unter dem Namen Gott bekannt ist. Wenn wir dem Kind beibringen, sich dieser Göttlichkeit in allen Lebensumständen zu erinnern, wird das Kind in der Lage sein, in jeder Situation sein inneres Gleichgewicht zu bewahren, egal, ob es sich um Sieg oder Niederlage handelt. Selbst wenn sie während ihres Heranwachsens schlechte Gewohnheiten annehmen, werden die positiven Eindrücke, welche sich schlafend in ihrem unterbewussten Gemüt befinden, sie zu gegebener Zeit wieder auf den rechten Pfad zurückbringen."

Abgesehen von weltlichem Wissen sollten Eltern ihre Kinder durch Beispiel und Geschichten an folgende Themen heranführen: Achtung vor älteren Menschen, Ehrfurcht gegenüber Gott, Gebet, Bescheidenheit, Einfachheit, Selbstkontrolle, Loslösung, Dienstbereitschaft, Selbstlosigkeit und eine philosophische Einstellung.

Amma:

„Kinder sollten älteren Menschen mit Respekt begegnen, ihnen in höflicher Weise antworten, ihren Anweisungen folgen, sich nicht über sie lustig machen, noch ihnen mit lauter Stimme antworten oder ihnen gar Widerworte geben. Alle diese Eigenschaften sind von wesentlicher Bedeutung für das Wohlergehen der Familie."

Damit das geschieht, sollte man Kindern folgendes lehren: *Yoga asanas*, Sanskrit-Slokas sowie Gebete, spirituelle Geschichten aus dem *Ramayana, Srimad Bhagavatam, Mahabharata* oder *Panchatantra, bhajans*, Meditation, *mantra-japa, karma yoga* oder *seva*. Dies sollte ihnen zusätzlich zu ihrer weltlichen Ausbildung vermittelt werden. Alle genannten Übungen bilden eine solide Grundlage für das spirituelle Leben zu einem späteren Stadium.

Das Eheleben

Die meisten von uns wünschen sich einen Partner, Wohlstand, Ruhm, Bequemlichkeit, Besitz, sinnliche Vergnügungen und Kinder. Diese Wünsche werden im Eheleben erfüllt. Dennoch sollten wir die spirituellen Übungen, die wir als Kinder gelernt haben, auch während dieses Lebensabschnitts beibehalten. Leidenschaften wie Ärger, Gier, Selbstsucht, Eifersucht und sexuelle Begierden sollten allmählich kontrolliert und reduziert werden. Das Wort, worauf es hier ankommt, ist „allmählich", aber nicht so allmählich, dass überhaupt nichts geschieht. Das Eheleben ist ein Stadium, in welchem sich vielfältige Gelegenheiten zur positiven Veränderung der eigenen Verhaltensweisen bieten. Schaut man sich jedoch um, sieht man heutzutage leider kaum etwas von diesen positiven Eigenschaften bei den Menschen. Selbstsucht scheint überall vorherrschend zu sein!

Im Wald

Hat man hart daran gearbeitet, den Geist von allen seinen Schwächen und negativen Eigenschaften zu reinigen und ist man in seiner spirituellen Praxis beständig gewesen, dann sollten wirkliche Hingabe und Loslösung aufkeimen. Nun ist man bereit für einen „Umzug in den Wald". Während dieser Periode ist man in seinem Leben nicht mehr mit weltlichen Angelegenheiten beschäftigt und schließt sich, sofern dies möglich ist, entweder einem *ashram* an oder verbringt wenigstens zuhause seine ganze Zeit mit spirituellen Übungen.

Amma:

"Sobald die Kinder erwachsen und in der Lage sind, für sich selbst zu sorgen, sollten Mann und Frau in einen *ashram* gehen und dort ein spirituelles Leben führen. Sie sollten an ihrer geistigen Vervollkommnung arbeiten und sich der Meditation, *japa* und selbstlosem Dienst widmen. Es ist notwendig, schon zu Anfang seines spirituellen Lebens eine ausschließliche Anhaftung an Gott zu entwickeln, um diesen Übergang möglich zu machen. Ohne ein solches spirituelles Band wird sich der Geist an seine alten Bindungen festklammern - zuerst an die Kinder, dann an die Enkel usw. Eine derartige Anklammerung ist für unsere Kinder von keinerlei Nutzen. Unser Leben wird vergeudet, wenn wir es der Anklammerung erlauben, fortzudauern!

Wenn wir andererseits während unseres gesamten Lebens *sadhana* praktizieren, wird unsere spirituelle Kraft sowohl uns selbst als auch der Welt dienen. Daher kultiviert die Gewohnheit, euren Geist von den zahllosen weltlichen Angelegenheiten abzuziehen und ihn ausschließlich auf Gott zu richten. Wenn wir Wasser in

70

einem Tank sammeln, kann es alle Hähne gleichermaßen erreichen. In ähnlicher Weise verhält es sich, wenn
wir unseren Geist beständig auf Gott fokussiert halten,
selbst während wir mit einer Arbeit beschäftigt sind -
der Nutzen davon wird allen Mitgliedern der Familie
zugute kommen. Das höchste Ziel sollte nicht sein, für
Kinder und Verwandte Reichtümer anzuhäufen; es
sollte vielmehr darin bestehen, uns auf unsere eigene
spirituelle Entwicklung zu konzentrieren."

Entsagung

Wenn man von der Realität Gottes und der illusorischen Natur
der Welt überzeugt ist, wenn der Durst nach Sinnlichkeit auf
das Allernotwendigste reduziert ist, wenn man sich nach Gottverwirklichung sehnt, dann beginnt das Stadium vollständiger
Entsagung, völliger Abhängigkeit von Gott und gänzlicher
Absorption im Spirituellen. Dies mag eine innere Haltung sein
oder die Form äußerer Entsagung annehmen. Die eigene Praxis
besteht darin, im *atman* oder der Seele zu leben. Es ist die einzige
wahre Pflicht, die man zu erfüllen hat. Wir sollten nicht glauben,
nur Entsagende kämen in den Genuss der Gnade Gottes oder
des *gurus*. Gnade nimmt verschiedene Gestalten an, entsprechend
unserem Zustand und unserer Praxis. Ein verheirateter Mensch
wird möglicher Weise arbeiten und sie in anderer Weise empfangen als ein Mönch.

Gottes verborgene Diener

Es gibt eine Legende über einen Einsiedler, der vor langer Zeit
hoch oben im Bergland eine winzige Höhle bewohnte. Seine
Nahrung bestand aus Wurzeln, Eicheln, ein wenig Brot, das ihm
ein Bauer gab, sowie etwas Käse, der ihm von einer Frau gebracht
wurde, die seinen Segen erbat. Seine gesamte Zeit verbrachte er

mit Gebet und Kontemplation über Gott. Vierzig Jahre lebte er dort, predigte zu den Menschen, betete für sie und spendete jenen Trost, die in Schwierigkeiten waren; vor allem aber betete er in seinem Herzen. Es gab nur eine Sache, nach der es ihn verlangte: Seine Seele so rein, vollkommen und würdig zu machen, um einer der Steine im großen himmlischen Tempel Gottes zu sein.

Eines Tages, nach vierzig Jahren, überkam ihn eine große Sehnsucht, herauszufinden, wie viele Fortschritte er in seinem Streben gemacht hatte und wie Gott es beurteilen würde. Er betete darum, man möge ihm einen Menschen zeigen,

„Des' Seele so wie er, gewachsen in der Gnade,
Von Himmelsgunst erhoben war im selben Grade
Und so wie er auch einen Schatz im Himmelreich
Besaß - nicht größer oder kleiner, sondern gleich!"

Als er nach dem Ende seines Gebetes emporschaute, stand ein in weiß gekleideter Engel vor ihm. Voller Freude beugte sich der Einsiedler vor dem Himmlischen Boten nieder, denn er wusste, dass sein Wunsch in Erfüllung gegangen war. „Gehe in die nächste Stadt", sagte der Engel. „Dort findest du auf einem öffentlichen Platz einen Clown, der die Leute für Geld zum Lachen bringt. Er ist der Mann, den du suchst; seine Seele hat denselben Rang erreicht wie deine; sein Schatz im Himmelreich ist weder kleiner noch größer als der deine."

Als der Engel verschwunden war, beugte der Einsiedler wieder sein Haupt, diesmal jedoch voller Kummer und Furcht. Waren die vierzig Jahre des Betens ein schrecklicher Fehler gewesen, glich seine Seele in Wirklichkeit einem Clown, der auf dem Marktplatz herumalberte? Er wusste nicht, was er davon halten sollte. Er hoffte beinahe, dass er diesen Mann gar nicht finden und die Vision des Engels sich als ein bloßer Traum erweisen würde. Doch als er nach einem langen und erschöpfenden Fußweg in jener Stadt ankam, sah er auf dem dortigen Marktplatz den Clown, welcher die Menge mit billigen Späßen unterhielt.

Mit Erschrecken und Trauer sah der Einsiedeler zu ihm hin, denn es war ihm, als schaute er seine eigene Seele an. Das Gesicht, in welches er blickte, sah abgemagert und müde aus, und obwohl der Clown die Leute weiter anlächelte, oder besser gesagt angrinste, hatte der Einsiedler den Eindruck, dass er sehr traurig war. Bald bemerkte der Clown, dass die Blicke des Einsiedlers auf ihm ruhten, und er war nicht mehr fähig, mit seinen Tricks fortzufahren. Als er schließlich aufgehört und die Menge sich verlaufen hatte, trat der Einsiedler näher zu ihm hin und nahm ihn mit an einen Ort, wo sie sich ausruhen konnten. Mehr als alles andere in der Welt wollte er wissen, um was für eine Art Seele es sich bei dem Mann handelte, denn wie auch immer sie beschaffen sein mochte, sie war der seinigen gleich.

Nach einer Weile fragte er also den Clown in freundlichem Ton, wie er sich fühle und wie es ihm im Leben ergangen war. Mit trauriger Miene antwortete der Clown, es sei genau so, wie es von außen aussah: Ein Leben, welches aus albernen Tricks bestand, denn dies war die einzige Möglichkeit für ihn, seinen Lebensunterhalt zu verdienen.

"Aber bist du denn niemals etwas anderes gewesen?", fragte der Einsiedler gequält.

Der Clown schlug die Hände vors Gesicht. "Ja, heiliger Vater," sagte er, "und ob ich ein anderer gewesen bin! Ich war ein Dieb! Einst gehörte ich zu der verruchtesten Bande von Bergräubern, die das Land jemals heimgesucht hat und ich war nicht besser als der schlimmste von ihnen!"

Oh weh! Der Einsiedler dachte, sein Herz würde zerbrechen. War es dies, was der Herr in ihm selbst sah - auf der gleichen Stufe mit einem grausamen Bergräuber stehend?

Während Tränen aus seinen betagten Augen quollen, war er beinahe unfähig, zu sprechen, doch nahm er sich zusammen und stellte eine weitere Frage: „Ich bitte dich ernsthaft, zu überlegen, ob du jemals in deinem Leben eine einzige gute Tat vollbracht hast; versuche dich jetzt daran zu erinnern und sage es mir." Der Einsiedler dachte nämlich, nur eine gute Tat des Diebes könne ihn selbst von völliger Verzweiflung bewahren.

"Ja, eine", sagte der Clown, „aber sie war so unbedeutend, dass es sich nicht lohnt, davon zu sprechen."

„Erzähle es mir!", flehte der Einsiedler ihn an.

"Einmal", sagte der Mann, „brachen wir in einen Klostergarten ein und entführten eine der Nonnen. Wir hatten vor, sie entweder als Sklavin zu verkaufen oder ein Lösegeld für sie zu erpressen. Wir schleiften sie den harten, langen Weg zu unserem Berglager mit und bestimmten einen Wachmann, der nachts auf sie aufpassen sollte. Das arme Ding betete so eindringlich zu uns, sie doch freizulassen, dass es mitleiderregend war! Und während sie bettelte, schaute sie vertrauensvoll und flehend von einem grimmigen Gesicht zum nächsten, so als ob sie nicht an die Möglichkeit glauben würde, dass Menschen wirklich böse sein könnten. Als ihr Blick mich traf, Vater, wurden meine Augen von etwas durchbohrt. Zum ersten Mal meldeten sich in meinem Innern Mitleid und Scham, doch setzte ich einen hartherzigen Gesichtsausdruck auf, der ebenso grausam wirken musste wie der der anderen, und bar jeder Hoffnung drehte sie ihr Gesicht weg.

Des Nachts aber, als alles ruhig war, schlich ich mich wie eine Katze zu dem Platz, wo sie gefesselt lag. Ich umfasste ihr Handgelenk und flüsterte: ‚Vertraue mir, ich werde dich sicher nach Hause bringen.' Mit meinem Messer zerschnitt ich ihre Fesseln. Sie schaute mich an, um mir zu zeigen, dass sie mir tatsächlich vertraute. Dann brachte ich sie auf geheimen Wegen, von denen nur ich wusste und welche den anderen unbekannt waren, sicher zum Eingangstor des Nonnenklosters zurück. Sie klopfte an. Man machte das Tor auf, und sie ging herein. Als sie mich verließ, drehte sie sich noch einmal zu mir um und sagte: ‚Gott wird sich daran erinnern.'

Das war alles. In mein altes Leben konnte ich nicht mehr zurück, doch hatte ich niemals einen ehrlichen Beruf erlernt, um mein Brot zu verdienen. Also wurde ich ein Clown, und dies wird so bleiben, bis ich sterbe."

„Nein, nein, mein Sohn!", rief der Einsiedler weinend aus, und diesmal waren seine Tränen solche der Freude. "Gott hat sich deiner erinnert, in seiner Sicht ist deine Seele auf dem gleichen Stand wie ich, der ich vierzig Jahre gebetet und gepredigt habe. Im Himmelsland wartet dein Schatz auf dich, ebenso wie meiner." „Wie Eurer? - Vater, Ihr macht Euch über mich lustig!", sagte der Clown.

Doch als der Einsiedler ihm die Geschichte von seinem Gebet und der Antwort des Engels erzählt hatte, wandelte sich die Stimmung des Clowns, und er war von Freude erfüllt, denn er wusste, dass ihm vergeben worden war. Und als der Einsiedler nach Hause in die Berge zurückkehrte, wurde er von dem Clown begleitet. Auch er wurde ein Einsiedler und verbrachte sein Leben fortan mit der Verehrung Gottes und mit Gebeten. Sie lebten und arbeiteten zusammen. Auch halfen sie den Armen. Und als der Mann, welcher ein Clown gewesen war, zwei Jahre später starb, empfand der Einsiedler, dass er einen Freund verloren hatte, der heiliger gewesen war als er selbst.

Zehn weitere Jahre lebte der Einsiedler auf seinem Berg, dachte stets an Gott, fastete, betete und tat nichts, was falsch war. Dann überkam ihn eines Tages erneut der Wunsch, zu erfahren, wie es um das Wachstum seines Werkes bestellt war, und er betete darum, ein Wesen zu finden, das mit ihm auf gleicher Stufe war. Abermals wurde sein Gebet erhört. Der Engel kam zu ihm und trug ihm auf, in ein gewisses Dorf auf der anderen Seite der Berge zu gehen, wo zwei Frauen auf einem kleinen Bauernhof lebten. In ihnen würde er zwei weitere Seelen finden, die der seinen glichen.

Als der Einsiedler an das Tor des kleinen Bauernhofs kam, waren die beiden Frauen, welche dort wohnten, hocherfreut, ihn zu sehen, denn jedermann liebte und verehrte ihn. Sie brachten ihm einen Stuhl und bewirteten ihn auf der kühlen Veranda mit Speise und Trank. Doch der Einsiedler war zu sehr voller Erwartungen, als dass er lange hätte warten können. Es verlangte ihn danach, zu erfahren, wie es um die Seelen beider Frauen stand. Ihren Blicken konnte er nur entnehmen, dass sie freundlich und ehrlich waren. Eine von ihnen war betagt, während sich die andere in mittlerem Alter befand.

Zunächst fragte er sie nach ihrem Leben. Sie antworteten ihm, dass es da wenig zu erzählen gebe: Immer hatten sie, sei es mit ihren Männern auf dem Feld oder zuhause, hart gearbeitet. Viele Kinder hatten sie bekommen und schwere Zeiten durchgemacht. Es gab Krankheit und eine Menge Sorgen - doch niemals hatten sie aufgegeben.

„Doch was waren eure guten Taten?", wollte der Einsiedler wissen. „Was habt ihr für Gott getan?"

„Sehr wenig", sagten sie traurig. Sie waren einfach zu arm, um viel herzugeben. Zweimal im Jahr, wenn sie ein Schaf zu schlachten pflegten, gaben sie die Hälfte davon den ärmeren Nachbarn.

„Das ist sehr gut, sehr verdienstvoll", sagte der Einsiedler. „Gibt es noch eine andere gute Tat, die ihr vollbracht habt?"

„Nein", sagte die ältere Frau, „es sei denn - wenn man es denn eine gute Tat nennen will...." Sie blickte auf die jüngere Frau, die sie anlächelte.

„Was war es?", fragte der Einsiedler. Immer noch zögerte die Frau, doch schließlich gestand sie schüchtern: "Es ist keine große Sache, Vater, nur das folgende: Seit zwanzig Jahren leben meine Schwägerin und ich in diesem Haus. Wir haben hier unsere Familie großgezogen, und während dieser ganzen Zeit ist zwischen uns niemals ein böses Wort gefallen, noch haben wir jemals Blicke ausgetauscht, die unfreundlich gewesen wären."

Der Einsiedler verbeugte sein Haupt vor den Frauen, und in seinem Herzen dankte er ihnen. „Wenn meine Seele so beschaffen ist wie die beiden es sind, bin ich in der Tat gesegnet."

Plötzlich ging dem Einsiedler ein Licht auf, und er begriff, wie viele unterschiedliche Möglichkeiten es gibt, Gott zu dienen. Manche dienen ihm in *ashrams*, Tempeln und der Zelle ihrer Klause durch Anpreisung und Gebet; dann gibt es einige arme Seelen, die zuvor sehr übel gesinnt waren, sich aber voll Kummer von ihrer Schlechtigkeit abgewendet haben und ihm in Gestalt von Reue dienen; wieder andere leben mit festem Glauben in ihrem bescheidenen Heim, arbeiten, ziehen Kinder groß, sind freundlich und heiter und ertragen Ihm zu Ehren geduldig ihren Schmerz. Endlos sind die Wege zum Ziel und nur das Höchste Wesen kennt sie.

So stieg der Einsiedler wieder den Berg hinauf, und als er von fern den sternenartigen Lichterglanz im Fenster des Landhauses sah, dachte er bei sich: „Wie viele verborgene Diener Gottes es doch gibt!"

KAPITEL NEUN

Die Notwendigkeit von Entsagung

Na karmana na prajaya dhanena
tyagenaike amrita tvamanasuh
parena nakam nihitam guhayam
vibhrajate yadyatayo visanti

„Weder durch Handlungen, noch durch das Erlangen von Nachkommenschaft und Wohlstand, sondern durch Entsagung allein wird Unsterblichkeit erreicht.

Jener allerhöchste Zustand ist weit jenseits des obersten Himmels, und die Weisen erfahren ihn, der verborgen ist in der Höhle des Herzens, in welcher er strahlend leuchtet."

— Maha-Narayana-Upanisad 4.12

Über den Wert und die Notwendigkeit der Entsagung spricht Amma ziemlich häufig. Im allgemeinen betrachten wir Entsagung nicht als ein Mittel, um glücklich zu werden. Sie erscheint uns beinahe als eine Art von Folter, Bestrafung oder Leiden, als etwas, was uns hinunterzieht. Amma sagt jedoch, ihr Wert liege in dem dauerhaften Glück, welches sie uns gewährt. Die meisten von uns meinen, Glücklichsein bestehe in dem, was unserem Geist und unseren Sinnen Vergnügen bereitet. Darin liegt etwas Wahres. Amma weist hingegen darauf hin, dass wir uns mit einer solchen Art begrenztem und wandelbarem Glück nicht zufrieden geben müssen. Warum nicht nach einer Freude streben, die zu permanenter Befriedigung führt? Warum nur auf ein paar Tropfen Honig aus sein, wenn ein ganzer Ozean davon verfügbar ist? Dies ist es, was alle weisen Menschen sämtlicher überlieferten spirituellen Traditionen betonen. Ihre Auffassung erwächst aus ihrer eigenen Erfahrung der Einheit mit Gott. In eurem Innern existiert ein Ozean von Seligkeit, doch ihr seid euch dessen augenblicklich nicht bewusst. Strebt danach, dies durch spirituelle Übungen zu erfahren, und eine Art von Glück und Frieden werden euch zuteil werden, die kein Mensch und keinerlei Umstände euch wegnehmen können.

Es gibt verschiedene Gradabstufungen von *ananda* oder Seligkeit. Es gibt das menschliche Vergnügen, dann gibt es die höheren Freuden der subtilen oder himmlischen Wirklichkeitsebenen, und schließlich gibt es noch die göttliche Wonne des *Brahmananda*. Allein *Brahmananda* existiert ewig. Es ist das Höchste in jedem nur erdenklichen Sinne. Indem man es erreicht, ruht man in absoluter Zufriedenheit. Ein Vogel mag für eine beliebige Zeit umherfliegen. Einige von ihnen können Tausende von Kilometern zurücklegen, ohne sich auszuruhen. doch am Ende müssen sie zur Erde zurückkehren. In ähnlicher Weise mögen auch wir bei unserer Suche nach Glück über viele Inkarnationen innerhalb der Schöpfung umherwandern, doch am Ende müssen wir nach Hause zurückkehren. Wir müssen auf festem Erdboden landen, oder, um eine andere Metapher zu verwenden, wir müssen zu unserer Quelle, dem *Atman* zurückkehren.

Was Amma mit Entsagung meint, ist der allmähliche Rückzug des Geistes und der Sinne von weltlichen Gegenständen und die Fixierung unserer Aufmerksamkeit auf Gott, der unveränderlichen Wirklichkeit inmitten dieser trügerischen, stets wandelbaren Welt; er ist die göttliche Wonne, die Quelle unseres Geistes. Gott ist nicht ein alter langweiliger Mann mit weißem Bart, der im Himmel wohnt, uns jederzeit zu bestrafen bereit ist und seinen Finger auf dem „Schlag-zu-Knopf" gedrückt hält. Gott ist die Essenz der Wirklichkeit, ein unendlich weiter Ozean von Bewusstheit hinter unserem individuellen Geist.

Entsagung bedeutet ebenfalls, dasjenige aufzugeben, was spirituell schädlich für uns ist. Bei dem Bemühen, dies in die Tat umzusetzen, stellen wir fest, dass man uns das ganze Leben über, während unserer Erziehung und im täglichen Leben beigebracht hat, das Gegenteil zu tun. Indem wir den Pfaden weltlichen Glücks folgen, entwickeln wir eine Menge negativer Tendenzen wie etwa Stolz, Selbstsucht, Ärger, Ungeduld und Gier. Wir machen uns diese Tendenzen zu eigen in dem Glauben, sie würden uns Freude bringen, doch in Wirklichkeit lassen sie uns und andere Menschen am Ende leiden. Dies ist die seltsame Macht der *maya*, der Macht der kosmischen Illusion.

Entsagung ist nicht etwas, was die meisten Menschen ganz plötzlich mit ganzem Herzen praktizieren können. Es sollte allmählich entwickelt werden. Einige verheiratete Devotees haben ein Gefühl von Schuld, sofern sie nach weltlichen Zielen streben und die Freuden des Lebens genießen, obwohl doch Amma auf Entsagung Wert legt. Amma stellt jedoch klar, dass ein *grihastashrami* oder Haushälter genießen sollte, was die Welt zu bieten hat. Versucht zu Beginn, Erfüllung im menschlichen Leben zu finden. Nach einiger Zeit strebt danach, langsam und allmählich Entsagung zu praktizieren. Schließlich macht es euch zum Ziel, die negative Seite von Vergnügungen zu erkennen und zu verstehen, während ihr gleichzeitig Hingabe entwickelt. Wir können dies tun, indem wir mit *mahatmas* (großen Seelen) in Kontakt treten und traditionelle heilige Schriften wie die *Bhagavad Gita* und das

Srimad Bhagavatam lesen. Besinnt euch darauf, was das wirkliche Ziel des menschlichen Daseins ist. Wahre Entsagung wird erst erreicht, wenn der Geist im Gottesbewusstsein lebt.

Körperliche Entsagung ist nicht etwas für jedermann. Es wird für manche Menschen zu einer Möglichkeit, wenn die Zeit dafür reif ist. Kann irgendjemand sich zur Entsagung zwingen? Zuerst sollte im Devotee ein starkes Gefühl der Loslösung von allem und jedem aufdämmern. Weltliche Vergnügungen und Kontakte werden als leer und bedeutungslos empfunden, als eine Ablenkung und Vergeudung wertvoller Lebenszeit. Es sollte eine Einsicht in die Schalheit und Selbstsucht des weltlichen Lebens aufkeimen. Die weltliche Umgebung beginnt sich leer und unerträglich anzufühlen, so wie ein tiefer Abgrund. Die Erlangung göttlicher Seligkeit und das Entkommen aus dem Kreislauf von Tod und Geburt wird als eine Dringlichkeit wahrgenommen und zum wichtigsten Ziel des eigenen Lebens.

Einige Menschen wählen die Entsagung aufgrund einer Empfindung von Ekel gegenüber den Schmerzen, Enttäuschungen und Mühen des weltlichen Lebens. Sie verlassen vielleicht sogar ihre Familie und ihren Beruf, ziehen an einen heiligen Ort, in eine Gegend großer Naturschönheit oder sie gehen auf eine Pilgerreise. Früher oder später jedoch beginnen sie möglicherweise ihr altes Leben zu vermissen und kehren nach Hause zurück. Vielleicht beginnen sie sogar ein neues weltliches Leben in einem anderen Umfeld.

Es gibt eine andere Art von Entsagung, die *smasana vairagya* (Friedhofsentsagung) genannt wird. Sie stellt sich oft ein, wenn jemand einer Verbrennung oder einem Begräbnis beiwohnt, einen toten Körper, einen schrecklichen Unfall oder eine persönliche Begegnung mit dem Tod erlebt. Man denkt nach über die Tatsache, dass der eigene Körper einst dasselbe Schicksal erleiden wird.

Man nimmt eine philosophischere Haltung gegenüber dem Leben an und empfindet eine gewisse Loslösung gegenüber alltäglichen Dingen. Auf diese Weise wird man dazu veranlasst, ernsthaft über spirituelle Bemühungen nachzudenken. Doch nachdem man nach Hause gekommen ist und seine gewöhnliche Routine wieder aufnimmt, sind all diese Gefühle verflogen.

Im Falle von Ammas Devotees entscheidet sie selbst darüber, ob wir für ein Leben der Entsagung bereit sind. Sie sieht jenseits dessen, was wir zu sehen in der Lage sind. Das beste, was wir tun können, besteht darin, sie in solchen Angelegenheiten um Rat zu fragen. Es ist für uns sehr schwer, herauszufinden, ob wir genug Loslösung besitzen, um ein solches Leben zu führen. Amma wird uns den Weg weisen und uns wissen lassen, ob irgendwelche Anpassungen vorzunehmen sind.

Ein Swami, der Pudding liebte

Ein *swami* hatte den Pfad der Entsagung betreten, ohne dafür den Segen seines *guru* erhalten zu haben. Er ernährte sich von Früchten und Wurzeln, während er in einer Waldhütte lebte. Sein *ashram* befand sich in der Nähe eines Dorfes, und so kamen die Dorfkinder häufig dorthin, um zu spielen. Eines Tages hörte er die Kinder laut schreien und streiten. Er ging hinaus, um nachzusehen, was los war. Zwei Brüder stritten miteinander über einen Vorfall, der sich am Tag zuvor ereignet hatte, als der ältere von ihnen seinen süßen Pudding (*payasam*) nicht mit seinem jüngeren Bruder geteilt hatte. Als er das Wort *„payasam"* hörte, stieg im Geist des *sadhu* der Wunsch auf, selbst Pudding zu essen.

Sein Geist eilte dreißig Jahre zurück, als er noch bei seiner Familie lebte und regelmäßig *payasam* und alles, wonach sein Herz begehrte, gegessen hatte.

Er dachte bei sich: „Wo kann ich jetzt *payasam* herbekommen? Es wäre unpassend für mich, nach so vielen Jahren nach Hause zurückzukehren. Vielleicht würde ich durch das Leben dort auf Abwege geführt; viele Komplikationen wären möglich. Es wird aber nichts schaden, wenn ich ein wenig im Dorf umherwandere und bei einigen Häusern um Nahrung bettele. Vielleicht gibt es in einem von ihnen *payasam* und ich bekomme etwas davon ab.

In all den Jahren hatte der *sadhu* von den Früchten und Wurzeln gelebt, die im Wald wuchsen, um den Kontakt mit den Dorfbewohnern zu meiden. Nun entschloss er sich jedoch, ins Dorf zu gehen. Er brach am Abend auf, kam aber vom Weg ab. Bis zum nächsten Morgen irrte er im Wald umher. Schließlich hörte er einige Stimmen und ging zu der Stelle, wo sie herkamen. Er fragte die Leute nach dem Weg ins Dorf, war aber erstaunt über ihre Reaktion.

„Hier ist der Dieb, nach dem wir die ganze Zeit gesucht haben! Er hat sich als *sadhu* verkleidet. Fangt ihn!"

Sie überwältigten und verprügelten ihn; danach brachten ihn auf die Polizeistation. Die Polizei drohte ihm mit Folterung, falls er nicht gestehen würde, wo sich sein Diebesgut befände. Das ganze Dorf eilte herbei, um den als *sadhu* verkleideten Dieb zu sehen.

Dieser zitterte vor Angst und betete zu Gott, ihn zu retten. Er hatte nicht die geringste Ahnung, was vor sich ging.

Gerade in diesem Augenblick kam ein *mahatma* vorbei, der sich auf dem Rückweg von einem Fluss befand, wo er zuvor ein Bad genommen hatte. Sofort begriff er die Situation und sagte zu den Polizisten: „Ihr habt den Falschen erwischt. Dieser Mann ist nur ein unschuldiger *sadhu*, der 16 Kilometer von hier in einem Wald lebt. Der wirkliche Dieb wurde woanders gefasst und sitzt dort im Gefängnis. Bitte lasst diesen Mann frei, gebt ihm etwas *payasam* und schickt ihn in seinen *ashram* zurück."

Die Leute des Dorfes kannten den *mahatma* gut, und so ließen sie den *sadhu* frei. Dieser fiel dem *mahatma* zu Füßen und brach in Tränen aus. Er bereute seinen Mangel an Sinneskontrolle und kehrte in seine Waldhütte zurück. Begierden bringen einen immer in Schwierigkeiten, besonders im Falle eines *sadhu* oder Entsagenden, welcher keinen *guru* besitzt!

Das Leben in dieser Welt ist mit einer Schule zu vergleichen. Wir durchlaufen Klasse um Klasse und lernen verschiedene Lektionen. Doch es ist wirklich nur eine Schule, auf der wir nicht ewig bleiben sollten. Die wirkliche Welt ist die Welt der Wonne, die Welt Gottes. Lasst uns, gemäß Ammas Ratschlägen, Entsagung praktizieren in dem Ausmaß, wie es uns im alltäglichen Leben möglich ist. Auch wenn wir unser Heim verlassen, wird unser Geist mit uns gehen. Nie können wir ihm entkommen, es sei denn durch die Entsagung von Gedanken.

KAPITEL ZEHN

Vasanas

Amma führt aus, dass das eigentliche Ziel der menschlichen Geburt darin besteht, in einem durch spirituelle Praxis geläuterten Geist den Zustand der Einheit mit Gott, dem Schöpfer, zu erfahren. Damit eine solche Erfahrung in uns aufdämmern kann, muss der gegenwärtige ruhelose Geist von seinen Gedanken und Gefühlen gereinigt werden, so dass er ruhig wird wie ein Ozean, auf dem sich nicht die kleinste Welle kräuselt.

Während dieses Läuterungsprozesses versucht ein *sadhak* (Aspirant) die Gedanken zu reduzieren, sodass die verborgene Wahrheit ans Licht kommt.

Ein Teich mag voller Algen sein, doch wenn man sie entfernt, kann man das Wasser sehen. In ähnlicher Weise ist der *atman* gegenwärtig von Wolken bedeckt, die schwach oder stark sein mögen. Die Vision oder Erfahrung des Selbst wird sich erst dann einstellen, wenn die Gedanken vermindert werden.

Amma sagt:

„Wenn man *mantras* hingebungsvoll und aufrichtig rezitiert, kann man Ruhe und Frieden im Geist erlangen, wodurch die Anzahl der Gedanken reduziert wird. Weniger Gedanken bedeuten mehr Geistesfrieden für euch. Verspanntheit und geistige Beunruhigung werden durch zahlreiche Gedankenwellen verursacht, die wiederum alle Arten von negativen Tendenzen hervorrufen wie etwa Lust. Zorn, Eifersucht Gier usw. Werden *mantras* mit Konzentration rezitiert, befähigen sie uns, die angenehmen wie die unangenehmen Erfahrungen des Lebens als Gottes Willen und Segen zu akzeptieren. Das ist nicht möglich, wenn eure Gebete ausschließlich dem Ziel dienen, eure Wünsche erfüllt zu bekommen. Es führt nur dazu, die Sorgen und Enttäuschungen im Leben zu vermehren. Frieden im Geist ist das Allerwichtigste."

Um die Gedanken erfolgreich zu reduzieren, sollten wir uns der Wirkungsweise des Geistes durch Meditation genau bewusst werden. Die Folge wird sein, dass wir unsere Aufmerksamkeit mehr auf den Geist als auf äußere Gegenstände lenken. Der Geist besteht sowohl aus gewöhnlichem trivialen Lärm und Geplauder, wie auch aus sehr machtvollen Gefühlen und Gedanken. die uns zum Handeln motivieren und uns entweder Glück oder Leid bescheren. Sie sind sozusagen die Fäden, welche das Kleidungsstück des Geistes ausmachen: Es sind die *vasanas* oder gewohnheitsmäßigen Gedanken. Sie veranlassen uns, zu sprechen, zu handeln und dadurch in den Ozean des *karma* hineingezogen zu werden, der entweder angenehm oder leidvoll sein kann.

Die drei Gunas

Einige Gedanken und Gefühle sind der Ruhigstellung des Geistes förderlich, während andere ihn lediglich aufwühlen. Diejenigen, die ihn beruhigen, sind sattvisch; die hingegen, welche ihn zerstreuen und dazu führen, dass wir Leid erfahren, sind rajasisch bzw. tamasisch. Es sind dies die drei *gunas* (Eigenschaften), aus denen das ganze Universum besteht.

Sri Krishna sagt:

"Wenn durch jedes Tor in diesem Körper das Licht der Weisheit scheint, kann man daraus ersehen, dass *sattva* vorherrscht.

Gier, Aktivität, das Ausführen von Handlungen, Ruhelosigkeit, Sehnsucht - sie entstehen, wenn *rajas* vorherrscht, oh *Arjuna*.

Dunkelheit, Trägheit, Unachtsamkeit und Täuschung - sie entstehen, wenn *tamas* vorherrscht, oh Nachkomme der *Kurus*.

Begegnet die verkörperte Seele dem Tod, während *sattva* vorherrscht, gelangt sie zu den makellosen Welten derer, die das Höchste erreicht haben.

Wer in *rajas* auf den Tod trifft, wird unter denjenigen wiedergeboren, die der Handlung verhaftet sind; wer in *tamas* stirbt, wird in den Schößen der Vernunftlosen wiedergeboren.

Die Früchte guten Handelns, so heißt es, sind sattvisch und rein, während das Ergebnis von *rajas* Schmerz ist; Unwissenheit wiederum ist das Resultat von *tamas*.

Aus *sattva* geht Erkenntnis hervor, während Gier aus *rajas* entsteht; Unachtsamkeit, Täuschung und Unwissenheit werden durch *tamas* bewirkt.

Wer sich in *sattva* befindet, strebt aufwärts; die von *rajas* Beherrschten sind in der Mitte, während die von *tamas* Umwölkten, die der Tendenz des niedrigsten *guna* folgen, nach unten gehen.

> Der Verkörperte, der die drei *gunas*, welche der Ursprung
> des Körpers sind, überschritten hat, ist frei von Geburt,
> Tod, Verfall und Schmerz; er erreicht Unsterblichkeit."
>
> – Bhagavad Gita, Kap.14, Verse 11-18, 20

Unten ist eine erschöpfende Liste der Eigenschaften angegeben, welche aus den drei *gunas* hervorgehen. Indem wir mit ihnen vertraut werden, erkennen wir, wo wir im Hinblick auf die *gunas* stehen und in welche Richtung wir zu gehen haben.

Sattva: Geduld, Freude, Erfüllung, Reinheit, Zufriedenheit, Vertrauen, Freigiebigkeit, Vergebung, Festigkeit, Güte, Gleichmut, Wahrhaftigkeit. Milde, Bescheidenheit, Ruhe, Einfachheit, Leidenschaftslosigkeit, Furchtlosigkeit, Verständnis für die Anliegen anderer Menschen, Mitgefühl mit allen Lebewesen.

Rajas: Stolz auf die eigene Schönheit, Machtstreben, Krieg, Geiz, Abwesenheit von Mitgefühl, Angegangensein von Freude und Leid, Wohlgefühl beim Kritisieren anderer, Streit- und Debattierlust, Rohheit, Angst, Tendenz zur Feindseligkeit, Kummer, Inbesitznahme dessen, was anderen gehört, Schamlosigkeit, Unehrlichkeit, Grobheit, Wollust, Stolz, Überlegenheitsgefühl, Bösartigkeit und Verleumdung.

Tamas: Unachtsamkeit, Gleichgültigkeit, Faulheit, Trägheit, Irrtumsanfälligkeit, Unstetigkeit, Vulgarität, Sturheit, Täuschung, Hinterhältigkeit, Verruchtheit, Lässigkeit und Zögerlichkeit.

Tamas kann durch *rajas* überwunden und *rajas* wiederum durch *sattva* sublimiert werden. Wir müssen den Geist so weit zur Ruhe bringen, dass überhaupt keine Eigenschaften mehr vorhanden sind. Doch wie der Herr sagt:

> "Wahrlich, diese meine göttliche Illusion, welche aus
> den drei *gunas* besteht, ist schwer zu überwinden.

Wer immer Mich allein sucht, geht über diese Illusion
hinaus."
– Bhagavad Gita, Kap. 7, v. 4

Dies ist sehr harte Arbeit. Der Kampf um geistige Reinheit wird
tapas oder Askese genannt. Es gibt keinen anderen Weg. Jedes
Lebewesen muss sich dieser Mühe früher oder später unterziehen, um auf solche Weise stark genug werden, den Geist unter
seine Kontrolle zu bringen. Wenn wir nicht danach streben, uns
aufwärts zu bewegen, werden unsere negativen *vasanas* uns Inkarnation um Inkarnation verschlingen und zu viel Leid führen.

„Durch sich selbst allein möge der Mensch erhoben
werden; er erniedrige sich nicht selbst - denn allein das
Selbst ist sein Freund und das Selbst ist sein Feind.

Das Selbst ist der Freund des Menschen, der sich selbst
durch das Selbst bezwungen hat. Für denjenigen jedoch,
der sich nicht selbst bezwungen hat, ist dieses Selbst
ebenso sehr ein Feind wie ein äußerer Widersacher."
– *Bhagavad Gita*, Kap.6, Verse 5-6

Das Leben eines Schmetterlings

Ein Schüler fand eines Tages eine Insektenpuppe und brachte sie
in sein Zimmer, welches sich im Biologielabor befand. Der Lehrer
legte den Kokon zusammen mit einer Lampe in ein unbenutztes
Aquarium, um ihn warm zu halten. Es verging etwa eine Woche,
als auf der Unterseite des Kokons eine schmale Öffnung sichtbar wurde. Die Schüler schauten zu, als sich etwas zu bewegen
begann. Plötzlich traten kleine Fühler hervor, kurz darauf der
Kopf und winzige Vorderfüße. In den Unterrichtspausen liefen

die Schüler ins Labor, um sich über die Fortschritte im Kokon zu informieren.

Zu Mittag hatte sich das Geschöpf soweit freigekämpft, dass seine matten Flügel zum Vorschein kamen; die Farben verrieten, dass es ich um einen Königsschmetterling handelte. Es wackelte, schüttelte sich und kämpfte, doch irgendwie schien es festzustecken. Wie sehr er es auch versuchte, der Schmetterling war offensichtlich nicht fähig, seinen Körper durch die schmale Öffnung des Kokons zu zwängen. Am Ende entschloss sich ein Schüler, dem Schmetterling aus der schwierigen Situation herauszuhelfen. Er nahm eine Schere vom Tisch, schnitt die Begrenzungshülle des Kokons auf, und das insektenartige kleine Lebewesen plumpste heraus. Die obere Hälfte sah aus wie ein Schmetterling mit schlaffen Flügeln; die untere gerade aus dem Kokon herausgekommene Hälfte war länglich und geschwollen. Doch war es dem Tier unmöglich, mit seinen verkümmerten Flügeln jemals loszufliegen. Es kroch nur auf dem Boden des Aquariums umher, während es seine Flügel und seinen geschwollenen Leib mit sich herumschleppte. Kurze Zeit danach starb es.

Am nächsten Tag erklärte der Biologielehrer, dass der Kampf des Schmetterlings, die schmale Öffnung zu durchbrechen, notwendig sei, um auf diese Weise die Flüssigkeit des Schwellkörpers in die Flügel zu pressen, damit sie stark genug seien, um zu fliegen. Ohne diesen Kampf würden sie sich niemals ausreichend entwickeln, und der Schmetterling sei nicht in der Lage, zu fliegen.

Ebenso wie der Schmetterling sind auch wir nicht fähig, uns ohne Kampf spirituell weiterzuentwickeln. Ein Leben, das der spirituellen Vervollkommnung gewidmet ist, kann manchmal durchaus entmutigend sein. Amma sagt, man solle nach einem Sturz nicht einfach liegenbleiben. Steht auf und macht weiter.

Der Sturz selbst ist nicht so wichtig. Fortwährende Bemühung ist das, was zählt.

Thomas Edisons Erfahrung

Wir alle haben schon von Thomas Edisons Erfahrung gehört. Auf der Suche nach einem Faden für die Glühbirne probierte er 2000 unterschiedliche Materialien aus. Als keiner der Versuche befriedigend verlief, klagte sein Assistent: „All unsere Mühen sind vergeblich. Wir haben nichts gelernt und sind um keinen Schritt weitergekommen."

Voller Selbstbewusstsein entgegnete Edison: „Nun, wir haben einen langen Weg hinter uns und eine Menge gelernt. Wir wissen jetzt, dass es 2000 Elemente gibt, die wir nicht verwenden können, um eine gute Glühbirne herzustellen."

Amma sagt, nur ein *guru* sei fähig, unsere *vasanas* vollständig zu beseitigen. Das kann einmal bedeuten, dass wir durch unsere Bemühungen nur bis zu einem bestimmten Punkt gelangen können und dann der *guru* uns durch seine Gnade die transzendente Wahrheit offenbaren muss, oder dass er alles aus den Tiefen des Geistes an die Oberfläche bringt, damit es sichtbar wird und man sich damit auseinandersetzen kann. Um unser Haus zu reinigen, müssen wir uns aller Dinge bewusst werden, die sich in ihm befinden

Wir müssen eine wirklich tiefgehende Reinigungsaktion in unserem Geist vornehmen.

Die meisten von uns sind blind für das, was drinnen ist. Wir sind durchaus bereitwillig, die Fehler anderer - oder was wir dafür halten - wahrzunehmen, doch was unsere eigenen Mängel betrifft, verharren wir in seliger Unkenntnis. Christus sagte: „Und warum schaut ihr auf den Splitter im Auge eures Bruders und seht nicht den Balken in eurem eigenen?"

Wie wird der *guru* dies zuwege bringen? Amma sagt:

„Der *guru* wird den Schüler mit Hindernissen und Sorgen konfrontieren. All dies sollte dieser durch intensives *sadhana* überwinden. Spiritualität ist nichts für faule Leute. Die Schwierigkeiten auf der subtilen Ebene sind hart, verglichen mit den Sorgen der äußeren Welt. Für jemanden, der sein Leben einem *sadguru* geweiht hat, gibt es jedoch nichts zu befürchten. Der Meister wird den Schüler auf verschiedene Weise prüfen. Nur jemand, der große Zielstrebigkeit besitzt, vermag diese Prüfungen zu bestehen und auf dem spirituellen Pfad voranzuschreiten. Sind diese Prüfungen jedoch einmal überstanden, wird die unendliche Gnade des *guru* ungehindert zum Schüler fließen. Was immer der *guru* tut, dient einzig dem spirituellen Fortschritt des Schülers. Es ist ihm absolut unmöglich, sich anders zu verhalten. Amma spricht hier von einem *sadguru*, nicht von irgendjemandem, der sich nur als solcher bezeichnet. Ein wahrer spiritueller Meister mag sich manchmal sogar seltsam verhalten. Er wird vielleicht ohne besonderen Grund ärgerlich auf den Schüler und beschimpft ihn; er mag ihn eines Fehlers bezichtigen, den er überhaupt nicht begangen hat. Doch dieses scheinbar seltsame Verhalten rührt nicht daher, dass der *guru* zornig auf den Schüler ist. Es ist vielmehr seine Methode, Selbst-Überantwortung, Duldsamkeit und Akzeptanz zu lehren."

Es möchte scheinen, dass die Wellen der auftauchenden *vasanas* kein Ende haben. Niemals können wir sie befriedigen, indem wir ihnen einfach nachgeben, denn durch Wiederholung schlagen sie nur noch tiefere Wurzeln. Wenn man mit einem Bleistift eine einfache Linie auf Papier zeichnet, kann sie mit einem Radier-gummi leicht entfernt werden. Wenn man aber dieselbe Linie mehrere Male überzeichnet, wird das Ausradieren schwieriger. Ein gewisses Ausmaß an weltlichen Vergnügungen und Erfahrungen mag dazu beitragen, unser Verlangen und unsere Gewohnheiten zu befriedigen, doch gleichzeitig müssen wir uns darüber im Klaren sein, dass nur Selbstkontrolle und Unterscheidungsver-mögen zwischen der Wirklichkeit und dem scheinbar Wirklichen (welches in Wahrheit die eigene Einbildung ist) sie vollkommen auszurotten vermag. Um die *vasanas* des aufrichtigen Schülers zu reduzieren, mag der *guru* ihm zeitweise etwas Bewegungsfreiheit einräumen, doch weiß er, wann er damit aufhören muss, damit der Schüler sich weiterentwickeln kann. *Maya* macht es uns unmöglich, unsere missliche Lage wirklich zu verstehen.

Die Liebe des Gurus

"Meister, wie sehr ich meinen Geist auch zu zähmen versuche, er wendet sich trotzdem den Freuden dieser Welt zu. Oft habe ich schon daran gedacht, fortzugehen, ohne Euch etwas davon zu sagen. Doch meine Liebe zu Euch hindert mich an solch einem Akt der Undankbarkeit. Was soll ich tun, Herr? Bitte leitet mich auf den rechten Weg." - Mit diesen Worten flehte einmal ein Devotee seinen Meister an. Es war gerade einen Monat her, dass er dem *ashram* des *guru* beigetreten war.

Der Meister antwortete: „Mein Kind, ich beobachte schon eine Weile deinen heftigen inneren Kampf. Tief verwurzelte Wünsche lassen sich nur schwer überwinden. Fürchte dich nicht! Gehe hinaus in die Welt, führe eine Zeit lang das Leben eines Haushälters und erfülle das starke Begehren deines Gemüts. Doch bleibe die ganze Zeit über auf die Lotusfüße des Herrn gerichtet und verliere niemals das Ziel aus den Augen. Bleibe jedoch nicht länger als zehn Jahre fort. Komme danach zurück."

Der Devotee verließ also seinen Meister, ging in seine Heimatstadt, heiratete und gründete eine Familie. Er hatte seinem *guru* mit ganzem Herzen gedient und sich seiner Gnade würdig erwiesen. Ein erfolgreiches Leben erwartete ihn. Bald war er der reichste Mann der Stadt, hatte eine wunderbare Frau und liebenswerte Kinder.

Zehn Jahre vergingen.

Ein Bettler stand auf der Türschwelle des Bungalows, welches dem Devotee gehörte. Als sie das schmutzige Aussehen des *sadhus* erblickten, rannten die Kinder erschreckt ins Haus zurück. Die Frau des Devotees stieß Schimpfworte gegen den Fremden aus, der davon jedoch unberührt blieb und den Besitzer des Hauses zu sehen wünschte. Der Ehemann der Frau erkannte seinen *guru* wieder. Mit ehrerbietiger Geste begrüßte er den alten Meister und bot ihm einen Sitz an.

Der *guru* sagte: "Nun sind zehn Jahre vergangen. Ist es dir schon gelungen, Erfüllung zu erlangen?"

"Alles, was die Welt zu bieten hat, habe ich genossen, *Gurudev*. Natürlich wäre es mir möglich gewesen, einfach loszugehen und wieder in Euren *ashram* zurückzukehren, doch wie kann ich diese kleinen Kinder alleine lassen, ohne dass sich jemand um sie kümmert? Bitte gestattet mir, noch ein paar Jahre hierzubleiben, sie zu erziehen und sicherzustellen, dass sie sich im Leben zurechtfinden. Dann werde ich ganz sicher zu Euch kommen."

Zehn weitere Jahre gingen ins Land.

Dieses Mal wurde der *sadhu* von einem gealterten Mann begrüßt. Seine Frau war gestorben, und seine Söhne waren inzwischen zu jungen Männern herangewachsen, die ihre eigenen Familien hatten.

„Lieber *Guru*", sagte er zu seinem Meister, „es stimmt, dass ich meine Pflichten als Haushälter erfüllt habe. Alle meine Kinder sind erwachsen und im Leben erfolgreich, doch sind sie noch jung und ergehen sich in weltlichen Vergnügungen. Sie haben keinen Sinn für Verantwortung. Wenn man sie sich selbst überlässt, könnten sie vielleicht den gesamten von ihrem Vater hart erworbenen Wohlstand vergeuden und am Ende hungern. Ich muss mich um ihr Familien-Budget kümmern und sie bei ihren Handlungen anleiten. Bitte erlaubt mir, noch für ein paar weitere Jahre hierzubleiben, bis sie wirklich erwachsen geworden sind und den Haushalt verantwortungsvoll führen. Dann weder ich ganz sicher mit Euch kommen und im *ashram* leben."

Sieben Jahre vergingen, und der *guru* kehrte zurück, um seinen Schüler zu besuchen.

Das Eingangstor wurde von einem großen Hund bewacht. Der Meister erkannte sofort - es war der Devotee. Er ging ins Haus und erfuhr, dass er vor ein paar Jahren gestorben war. Seine Anhaftung an die Familie war so stark, dass er eine Geburt als Hund angenommen hatte, um das Haus und seine Kinder zu bewachen. Der *guru* verschaffte sich Zugang zur Seele des Hundes und fragte ihn: „Nun, mein Kind, bist du bereit, mir zu folgen?"

"Gewiss, mein *guru* - in ein paar Jahren!", antwortete der Hund. "Meine Kinder sind jetzt auf dem Gipfel ihres Glücks und Wohlstandes angelangt, doch sie haben mehrere missgünstige Feinde. In ein paar Jahren werden sie frei sein von ihrer Furcht und ihren Sorgen. Dann werde ich in Euren *ashram* kommen."

Erneut vergingen zehn Jahre, und der *sadhu* kehrte zu dem Haus zurück.

Auch der Hund war inzwischen gestorben. Vermöge seiner visionären Intuition sah er, dass der Devotee die Gestalt einer giftigen Kobra angenommen hatte und unter dem Haus lebte.

Der *guru* kam zu dem Schluss, dass es nun Zeit wäre, den Schüler von seiner Verblendung zu erlösen.

„Bruder", sagte er zu dem Enkel, „in dem Zwischenraum unter deinem Haus ist eine giftige Kobra. Es ist eine gefährliche Schlange. Sei bitte so freundlich und entferne sie von dort, aber töte sie nicht. Verpasse ihr nur ein paar Schläge, breche ihr das Rückgrat und bringe sie zu mir."

Als der junge Mann unter dem Haus nachschaute, stellte er mit Erstaunen fest, dass die Worte des *sadhu* der Wahrheit entsprachen. Er rief alle Jungen der Familie zusammen, und sie begannen die Kobra zu schlagen. Doch wie der *sadhu* ihnen geraten hatte, töteten sie sie nicht, sondern verletzten sie nur so schwer, dass sie sich nicht mehr bewegen konnte. Zärtlich streichelte der *sadhu* ihren Kopf, warf sie sich über die Schultern und verließ schweigsam die Enkelkinder. Auch sie waren überaus glücklich, auf wunderbare Weise von der giftigen Kreatur befreit worden zu sein.

Auf seinem Rückweg zum *ashram* sagte der *guru* zur Kobra: „Liebes Kind, niemand ist jemals fähig gewesen, die Sinne und den Geist zufriedenzustellen. Das Begehren ist unersättlich. Bevor noch ein Wunsch verschwindet, tauchen ein Dutzend neue auf. Unterscheidungskraft ist deine einzige Zuflucht. Wache auf! Zumindest in deiner nächsten Geburt solltest du die Höchste Wirklichkeit erreichen."

„Oh *Gurudev*" weinte die Kobra bitterlich. „Wie gnädig Ihr seid!" Obwohl ich mich Euch gegenüber als so undankbar erwiesen habe, seid Ihr mir gefolgt und habt niemals aufgehört, über mir zu wachen. Nun habt Ihr mich zu Euren Lotusfüßen zurückgeführt. Mit Sicherheit gibt es niemanden auf der Welt, der so von göttlicher Liebe erfüllt ist wie ein *guru*. Es gibt auf der Welt keine selbstlose Liebe außer der zwischen einem echten *guru* und seinem Schüler."

Der wahre *guru* ist Gott. Er befindet sich während aller unserer Geburten in unserem Inneren und manifestiert sich als der Lehrer, wenn wir bereit sind, zu unserer Quelle zurückzukehren. Er zieht uns zu sich hin und entwickelt eine tiefe und anhaltende Beziehung zu uns. Diese Beziehung unterscheidet sich jedoch von derjenigen zwischen Mensch und Mensch. Es ist die Beziehung zwischen Gott und Seele. Auf die eine oder andere Weise versteht er es, die Umwandlung des aufrichtigen Schülers zuwege zu bringen. Er beendet dessen Wanderschaft und lässt ihn zu seiner wahren Natur als Reines Bewusstsein erwachen.

KAPITEL ELF

Zeuge Sein

Bedeutende Menschen wie Amma ermuntern uns dazu, unseren Geist auf intelligente Weise einzusetzen, nicht nur, um unsere weltlichen Angelegenheiten besser in den Griff zu bekommen, sondern auch, um weit über unseren gegenwärtigen animalischen Zustand hinaus in die Göttlichkeit hineinzuwachsen, die jenseits unseres gewöhnlichen Verstandes liegt, der jetzt noch in uns vorwiegt. Amma sagt, die Menschheit sei fähig, dauerhaften Geistesfrieden, ewige Wonne, vollständige Zufriedenheit und Einheit mit dem universellen Urgrund - *Satchidananda Brahman* zu erfahren. Wir sind nicht nur Kinder Gottes sondern Manifestationen von Jenem. Wir gleichen den Wellen auf der Oberfläche des Ozeans, der ihre Quelle und ihr Halt ist. Sinkt die Welle in den Ozean, so wird sie zu diesem selbst. Durch *sadhana* und göttliche Gnade vermögen wir unsere allwissende und allmächtige Natur erfahren. Wenn wir dabei erfolgreich sind, werden wir zu verwirklichten Seelen oder *jñanis*.

Amma sagt:

> "Kinder, in der Haltung des Zeugen verankert zu sein ist der eigentliche Zweck des Lebens. Ihr mögt arbeiten und euren Geist und Verstand gebrauchen; ihr mögt ein Haus und eine Familie besitzen, habt vielleicht viel familiäre Verantwortung zu tragen und offizielle Pflichten zu erfüllen. Sobald ihr jedoch in diesem Zeugen-Zustand,

dem wirklichen Zentrum, verankert seid, könnt ihr alles tun, ohne den Geist hinauszubewegen. In solch einem Zustand zu sein bedeutet nicht, dass ihr untätig bleibt und eure Pflichten vernachlässigt. Ihr mögt besorgt sein um das Studium eurer Kinder, die Gesundheit eurer Eltern, eurer Ehefrau, eures Gatten usw., doch inmitten all dieser Probleme bleibt ihr der Zeuge von allem, was geschieht und allem, was ihr tut. Im Innern verbleibt ihr völlig ruhig und ungestört. Wenn ein Schauspieler in einem Film die Rolle eines Schurken annimmt, erschießt er möglicherweise seinen Feind, er wird ärgerlich, ist grausam und hinterhältig - doch wird er in seinem Innern wirklich ärgerlich und grausam? Tut er jene Dinge wirklich? Natürlich nicht! Er ist lediglich der Zeuge all dessen, was er tut. Geistig steht er abseits und handelt, ohne von alledem beeinflusst oder berührt zu werden. Er identifiziert sich nicht mit den äußeren Ausdrucksformen seines Körpers. In ähnlicher Weise bleibt auch jemand, der die Zeugenhaltung einnimmt, gegenüber allen Umständen innerlich unberührt und gelassen."

Die Zeugenhaltung ist etwas, was jeder praktizieren kann. Es ist eine Frage von beharrlichem und bewusstem Bemühen. Wann immer wir fühlen, dass unsere normale Ruhe durch Ärger, Rachsucht, Furcht oder Begehren verloren geht, versuchen wir, in unserem Herzen zentriert zu bleiben; haltet inne, und dann macht vorsichtig weiter. Entgleist nicht! Praktiziert Loslösung und Nicht-Reagieren.

Thomas Jefferson pflegte zu sagen, falls man ärgerlich werde, solle man bis zehn zählen, bevor man irgendetwas sage. Seid ihr besonders ärgerlich, dann zählt bis hundert.

"Lauft nicht umher und beklagt euch darüber, dass gewisse Leute wütend auf euch geworden sind und euch kritisiert haben. Lasst sogar zu, dass sie euch eine Lektion im Kritisieren erteilen. Sagt einfach nichts und versucht, ruhig zu bleiben. Eure Ruhe wird die andere Person entwaffnen. Wenn ihr reagiert oder es dem anderen heimzahlt, bedeutet das, ihr akzeptiert, was er über auch gesagt hat, und dann wird er sogar noch mehr sagen. Es gibt keine Möglichkeit, diese Art von Streit zu bereinigen, und das Endresultat sind Demütigung, Wut, Hass, Rachsucht und dergleichen. Warum sich an solch selbstzerstörerischen Vorgängen beteiligen? Schweigt und bleibt ruhig. Oder wenn ihr es annehmen wollt, betrachtet es als ein Geschenk Gottes. Wenn ihr dagegen darauf besteht und entschlossen seid, es nur als einen dämonischen Angriff zu betrachten, kann niemand euch vor der letztendlichen Katastrophe bewahren, nicht einmal Gott."

– Amma

Mit Kritik umgehen

Es gab einmal einen Politiker, der bestrebt war, seinen Beruf so gut wie nur möglich auszuüben. Doch da er auch nur ein Mensch war, machte er Fehler und wurde dafür kritisiert. Regelmäßig wurden in den Zeitungen seine Irrtümer von Reportern wiederholt. Er war davon so aufgebracht, dass er aufs Land hinausfuhr, um seinen Freund, einen Bauern, zu besuchen. „Was soll ich machen?", klagte der Politiker. „Ich habe alles versucht. Niemand hat sich mehr bemüht als ich, für mehr Menschen Verbesserungen zu erwirken, und nun schau dir an, wie sie mich in die Mangel nehmen!" Doch der alte Bauer konnte kaum etwas von der Klage seines Politikerfreundes vernehmen, denn sein Jagdhund bellte bei Vollmond den Sturm an. Der Bauer rügte seinen Hund, doch dieser hörte nicht auf, zu bellen. Schließlich sagte der Bauer zu dem Politiker: „Weißt du, wie du mit den unfairen Kritikern umgehen solltest? Ich will es dir sagen. Hör dir den Hund an - doch jetzt schau auf den Mond und mache dir klar, dass die Menschen dich wie der Hund weiter anschreien werden, sie werden sich an deine Fersen heften und dich kritisieren. Doch hier ist die Moral: Der Hund wird weiter heulen, doch der Mond wird weiter scheinen!"

Dies mag zuerst unmöglich erscheinen, doch ein Erfolg wird zum nächsten führen. Wir müssen hartnäckig sein und unsere Willenskraft durch wiederholtes Bemühen entwickeln. Amma legt großen Nachdruck auf die Wichtigkeit der eigenen Bemühung. Letztlich werden wir Erfolg haben und selbst unter schwierigsten Umständen ein vollkommener Zeuge bleiben. Doch wie erfolgreich wir auch sind, wir dürfen dabei unsere Demut nicht vergessen. Vielleicht sollten wir diese Praxis „Hingebungsvolle Zeugen-Haltung" nennen. Immer sollten wir uns vor Augen führen, dass unser Erfolg in allen Dingen, unsere Erkenntnis und unser Verständnis von der Gnade Gottes und des *gurus* abhängen. Ein wahrhaft großer Mensch ist ein demütiger Mensch.

Die Demut des Sokrates

Es wird überliefert, dass das Orakel von Delphi seinerzeit Sokrates als den weisesten Menschen auf Erden bezeichnete. Daraufhin kamen in paar Schüler zu ihm und sagten: „Du kannst dich freuen. Das Orakel hat dich zum weisesten Mann der Welt erklärt."

Sokrates lachte und antwortete: „Da muss ein Fehler im Spiel sein. Wie kann ich der weiseste Mann sein? Ich weiß nur eines, und dies ist, dass ich nichts weiß. Es muss also ein Irrtum passiert sein. Geht zurück und sagt das dem Orakel." So begaben sie sich also zu dem Orakel und sagten: „Sokrates selbst hat deine Aussage zurückgewiesen, es muss dir ein Irrtum unterlaufen sein. Er sagt, er sei überhaupt nicht weise. Vielmehr sei er sich nur bewusst, dass er gar nichts wisse."

Das Orakel entgegnete: „Dies genau ist der Grund, wieso ich ihn zum weisesten Menschen erklärte, denn nur ein solcher wird etwas derartiges sagen." Nur Narren behaupten, sie seien großartig. Der Beginn echter Weisheit besteht darin, einzusehen, dass man nichts weiß. Nur dann ist man in der Lage, wirklich etwas zu lernen.

Ein junger Künstler

Ein junger freischaffender Künstler versuchte, seine Skizzen an verschiedene Zeitungen zu verkaufen. Sie alle wiesen ihn zurück. Der Herausgeber einer Zeitschrift aus Kansas City sagte ihm, er besitze keinerlei Talent. Doch hatte er Vertrauen in seine künstlerischen Fähigkeiten und versuchte weiterhin, seine Arbeiten zu verkaufen. Schließlich fand er eine Anstellung als Zeichner für die Veröffentlichungen einer kirchlichen Organisation. Er mietete eine Garage, in welcher es von Mäusen wimmelte, um dort seine Skizzen anzufertigen; auch fuhr er fort, Zeichnungen zu kreieren, in der Hoffnung, jemand würde sie kaufen. Dabei muss ihn eine bestimmte Maus in der Garage besonders inspiriert haben, denn er entwarf eine Cartoon-Figur namens Mickey Mouse. Walt Disney war auf seinem Weg nach oben! Um eine solche Art von Willenskraft zu entwickeln und den Zeugen-Zustand zu erreichen, ist *sadhana* von wesentlicher Bedeutung. Augenblicklich besitzen wir einen zerstreuten und abgelenkten Geist; aus diesem Grund ist er schwach. Man nehme einen dünnen Faden und ziehe von beiden Seiten an ihm - er wird leicht zerreißen. Wenn wir jedoch eine Anzahl von Fäden miteinander verflechten und ein Seil daraus machen, können sogar schwere Gewichte damit emporgehoben werden. Ebenso verhält es sich bei unserm Geist. Es befinden sich in ihm mehrere unterschiedliche Gedanken, wobei jeder einzelne von ihnen schwach ist. Sind wir jedoch in der Lage, an einem einzigen Gedanken festzuhalten, führt das dazu, dass der Geist sehr machtvoll und stark wird. So erfahren wir ein wachsendes Ausmaß an Frieden. Dies ist der Sinn der Mantra-Wiederholung. Sie wird die vielen Gedanken allmählich auf einen einzigen reduzieren. Während wir dies praktizieren - und im Prinzip gilt das für jede Übung, die die Ruhigstellung des Geistes zum Ziel hat - werden wir angesichts der Widerspenstigkeit des Geistes möglicherweise von Enttäuschung und Müdigkeit ergriffen. Manchmal macht viel *mantra-japa* den Geist einfach trocken. Tatsächlich ist das eine ziemlich allgemeine Erfahrung. Entspannt euch und nehmt die Dinge eine Zeitlang leicht. Es besteht keine Notwendigkeit, sein Selbst umzubringen, um die Verwirklichung zu erlangen. Überanstrengung kann einen niedergeschlagenen Gemütszustand hervorrufen. Es ist so, als ob man mit einem noch unentwickelten Muskel zu schwere Gewichte stemmt.

Antonius der Große

Eines Tages entspannte sich der berühmte christliche Mönch Antonius der Große mit seinen Schülern außerhalb seiner Hütte, als ein Jäger vorbeikam. Der Jäger war erstaunt, zu sehen, wie locker Antonius es angehen ließ und wies ihn wegen seines vermeintlich ausgelassenen Verhaltens zurecht. Es entsprach nicht seiner Vorstellung vom dem, was ein „heiliger Mönch" tun solle.

Antonius antwortete: „Spanne deinen Bogen und schieße einen Pfeil ab." Der Jäger tat, wie ihm geheißen. - „Nun mache es noch einmal." Der Jäger befolgte auch dies, und das Ganze wiederholte sich mehrere Male. Schließlich sagte er zu Antonius: „Wenn ich meinen Bogen die ganze Zeit gespannt halte, wird er am Ende zerbrechen."

"So ist es auch bei den Mönchen", antwortete Antonius. „Wenn wir uns selbst über Gebühr unter Druck setzen, werden wir zerbrechen. Es ist gut, wenn wir uns bei allen unseren Bemühungen von Zeit zu Zeit etwas entspannen."

Wenn wir mit Amma zusammen sind, sollten wir unsere weltlichen, ja selbst unsere spirituellen Probleme vergessen. Zuweilen macht uns die Fixierung auf unsere Probleme blind für ihre göttliche Gegenwart. Lasst uns baden in ihrer seligen und heilenden Präsenz, die von ihr nach allen Seiten ausstrahlt. Wie viele Menschen haben berichtet, welche körperliche und mentale Erleichterung sie verspüren, wenn sie sich in ihrer Nähe aufhalten. Taucht kurz ein in den Ozean der Wonne, welcher Amma ist, und kehrt dann erfrischt nach Hause zurück, bereit, eure Reise fortzusetzen.

KAPITEL ZWÖLF

Sehnsucht nach Gott

"Beseitigt die Dunkelheit des Nichtwissens, indem ihr mit einem entflammten Herzen an Gott denkt. Überantwortet euch vollständig an Jenes Inwendige, welches die Form der eigenen Seele besitzt."

— Amma

Wir wollen glücklich sein, doch viele von uns suchen nicht dort, wo es nach Aussage der Weisen zu finden ist. Natürlich haben alle von uns ihr Glück in der Spiritualität gefunden, zumindest in einem gewissen Maße.

Wir wissen vom Hörensagen, dass wir selbst das höchste Licht sind, doch die meisten von uns fühlen und sehen es nicht. Wir haben keine unmittelbare Erfahrung der Wirklichkeit —*Aparokshanubhuti*. Dies kann auf unserer Reise zurück zu Gott ein sehr frustrierender Zustand sein. Es gibt den Spruch, dass auf dieser Welt nur zwei Arten von sorgenfreien und glücklichen Menschen existieren: Die völlig unwissenden und die völlig weisen. Alle anderen sind in Schwierigkeiten. Da wir die innere Seligkeit nicht besitzen, fahren wir fort, uns nach Glück zu sehnen.

Es dürstet uns danach, glücklich zu sein - durch welche verfügbaren Mittel auch immer - und wir sind bekümmert, wenn wir feststellen, dass nach einiger Zeit dasjenige, was uns glücklich machen sollte, versagt. Dies ist das Geheimnis dessen, was wir Leben nennen.

Würden wir nach dem höchsten Glück streben, so sagt Amma, gäbe es für uns keinerlei Enttäuschung. Doch, so führt sie weiter aus, sollten wir damit nicht aufhören, bis das Ziel erreicht sei. Im Hinblick auf weltliche Ziele tun wir das normalerweise auch nicht. Wir versuchen es immer wieder, bis wir Erfolg haben. Die *Upanishads* sagen uns: "Steht auf, erwacht, und haltet nicht ein, bevor das Ziel erreicht ist!" Dies ist ein überaus inspirierender Ratschlag, und wir sollten ihn unser ganzes Leben im Gedächtnis behalten. Ebenso müssen wir ihn auf unser spirituelles Leben anwenden. Wir werden aus der schläfrigen Dunkelheit der Unwissenheit nicht befreit werden, solange wir nicht einen markerschütternden Schrei ausstoßen wie ein Baby, das es nach seiner Mutter verlangt. Die Mutter ruft ihr Kind herein, wenn es Zeit ist zum Mittagessen, doch das Kind ist zu sehr mit Spielen beschäftigt, sodass es den Ruf gar nicht hört. Wieder und wieder ruft die Mutter, doch vergeblich. Schließlich gibt sie es auf. Nach einiger Zeit empfindet das Kind wirklichen Hunger und schreit nach der Mutter, damit sie es nach Hause bringt. Dieser Ruf scheint der Vorbote der Gottverwirklichung zu sein, der intensive Schrei nach Gott oder das Bemühen, die Wirklichkeit zu erreichen Wir sollten fähig zu sein, nach Gott zu weinen, so wie es Amma getan hat:

"Oh Mutter, mein Herz ist zerrissen von der Qual des Getrenntseins! Warum schmilzt Dein Herz nicht beim Anblick dieses endlosen Tränenstroms? Oh Mutter, viele große Seelen haben dich angebetet, auf diese Weise deine Vision empfangen und sind auf ewig eins mit Dir geworden. Oh, liebliche Mutter, bitte öffne die Tür Deines mitfühlenden Herzens für Deine demütige Dienerin! Ich drohe zu ersticken wie eine Ertrinkende. Wenn Du nicht gewillt bist, zu mir zu kommen, mache bitte meinem Leben ein Ende. Oh Mutter... hier ist Dein

Kind, welches kurz davor ist, in unbegreiflicher Qual zu ertrinken. Dieses Herz ist im Begriff, zu zerbrechen.... meine Glieder taumeln...ich zappele wie ein Fisch, den man auf das Festland geworfen hat...oh, Mutter, du hast keinerlei Freundlichkeit für mich übrig...nichts besitze ich mehr, was ich dir geben könnte außer dem letzten Atemzug meines Lebens."

– Amma

Offensichtlich ist eine solche Art von Gefühlsintensität und Konzentration unbedingt erforderlich, um das Illusionsnetz der *maya* zu zerreißen. Nichts, was zur Schöpfung gehört, kann *mayas* Bann lösen, denn die Schöpfung ist ja selbst ein Teil des Traumes. Nur die absolute Stille desjenigen Geistes, welcher auf Gott fokussiert ist, kann das Rad anhalten oder uns aus dem tiefen Schlummer aufwecken. In jenem Zustand erfährt man die Wahrheit, dass alles eins ist. Es ist der Augenblick der Befreiung von allem Leiden und die Erlangung der Seligkeit.

" Überantwortet euch vollständig an Jenes Inwendige, welches die Form der eigenen Seele besitzt!"

– Amma

Betrachtet Gott nicht als etwas, was irgendwo getrennt von euch existiert. Jenes Wesen ist eure Stütze, die Quelle eurer Energie und Intelligenz. Wir sollten begreifen, was mit dem Wort „Überantwortung" gemeint ist. Es wird durch Ammas Aussage auf den Punkt gebracht: „Macht euch keine Sorgen, Amma ist bei euch." Mit anderen Worten, fahrt fort mit eurem Alltagsleben, handelt in den verschiedenen Situationen entsprechend eurer Einsicht, so gut es eben geht. Akzeptiert das Resultat eurer Handlungen als den Willen Gottes und bleibt angesichts von Freude wie von Leid allezeit friedvoll. Wie *Sri Krishna* in der *Bhagavad Gita* sagt:

"Wahrlich, diese meine göttliche Täuschung, geschaffen aus den drei *gunas*, ist schwer zu überwinden; wer allein bei Mir Zuflucht sucht, geht über diese Täuschung hinaus."

– Kap. 7, v.14.

„Frei von Leidenschaft, Furcht und Zorn, aufgegangen in Mir, Zuflucht suchend bei Mir, geläutert durch das Feuer der Erkenntnis - so sind viele zu Meinem Wesen gelangt."

– Kap.4,v.10

"Dieses Ziel, von dem niemand zurückkehrt, welcher einmal dort hingelangt ist, muss angestrebt werden: ‚Ich suche Zuflucht bei jener Ur-Person (cadya-purusha), von der die Erste Bewegung ihren Anfang nahm.'"

– Kap.15, v.4

„Der Herr wohnt im Herzen aller Dinge, oh Arjuna, und lässt sie sich durch seine täuschende Kraft drehen, als seien sie auf eine Maschine montiert."

– Kap. 18, v.61

„Fliege ihm entgegen, oh *Bharata*, um bei ihm mit deinem ganzen Wesen Zuflucht zu suchen; durch seine Gnade sollst du höchsten Frieden und die Ewige Wohnstatt erlangen."

– Kap. 18, v.62

112

KAPITEL DREIZEHN

Seid kindlich, nicht kindisch

Devotee: „Amma rät uns, eine kindliche Haltung zu entwickeln. Doch wenn ich dies tue, bekomme ich anscheinend eine Menge Probleme mit anderen Menschen, die meine unreifen Worte und Handlungen missbilligen. Mache ich etwas falsch?"

Amma: „Wir sollten unschuldig werden wie ein Kind. Kleine Kinder besitzen gewisse Qualitäten, die Erwachsene entwickeln sollten, um spirituelle Fortschritte zu machen. Doch gibt es auch einige Eigenschaften von Kindern, welche definitiv nicht übernommen werden sollten, wenn man glücklich sein will. Dies ist auf ihre noch unentwickelten intellektuellen Fähigkeiten zurückzuführen, die sich normalerweise mit wachsendem Alter einstellen. Erwachsene sind zwar körperlich ausgereift, doch manche von ihnen bleiben weiter kindisch."

Zunächst wollen wir erwägen, welche Eigenschaften von Kindern man nicht übernehmen sollte:

Selbstsucht: Die meisten Kinder sind extrem selbstsüchtig. Sie beschäftigen sich nur mit dem, was sie haben wollen. Sie fangen an zu weinen, geraten in schlechte Laune und werden wütend, wenn sie es nicht bekommen. Dies ist ein kindisches Verhalten, das Erwachsene nicht an den Tag legen sollten, jedoch bei vielen beobachtet werden kann. Das ist der Grund, warum Amma sagt, ihr Körper sei zwar ausgewachsen, ihr Verstand jedoch unreif geblieben.

Mangel an Unterscheidungsvermögen: Kinder sagen viele sinnlose Dinge, ohne an die Folgen zu denken. Mit anderen Worten, sie besitzen nicht viel Unterscheidungsvermögen. Sie wissen nicht, was man sagen oder tun sollte, und was nicht.

Unverantwortliches Verhalten: Sie haben keinen Sinn für Verantwortung und tun das, wonach ihnen gerade ist. Sie kennen weder Pflichtgefühl noch Anstand.

Amma:

> "Kinder, eine Mutter muss viel Geduld besitzen, um ihre Kinder großzuziehen; sie muss ihren Charakter formen. Seine ersten Lektionen in Liebe und Geduld lernt das Kind von der Mutter. Sie kann nicht einfach über diese Dinge reden und erwarten, dass ihre Tochter oder ihr Sohn besagte Eigenschaften geradewegs übernehmen. Das ist unmöglich. Sie muss selbst ein Beispiel geben an Liebe und Geduld, indem sie diese Qualitäten in ihrem gesamten Verhalten gegenüber dem Kind in die Tat umsetzt.
>
> Ein Kind kann natürlich sehr unnachgiebig und starrsinnig sein, doch gehört dies zur Natur der meisten Kinder, da ihr Geist noch nicht voll entwickelt ist. Sofern sie nur mit ihren eigenen Bedürfnissen befasst sind, können sie sehr stur und selbstsüchtig sein. Doch ist ein solches Verhalten zulässig, denn es läuft den Gesetzen der natürlichen Entwicklung nicht zuwider. Wird jedoch die Mutter selbst stur und ungeduldig, ist dies sehr schädlich. Es wird die reinste Hölle sein!

Eine Mutter muss Geduld haben - so viel Geduld wie Mutter Erde.

Auch ein Vater muss Geduld besitzen. Wenn ein Vater ungeduldig wird, führt dies auf Seiten des Kindes zum Ende seiner unschuldigen und vertrauensvollen Haltung zum Leben. Im Laufe seiner Entwicklung wird es selbst einen ungeduldigen und unnachgiebigen Charakter annehmen. Niemals wird es erfahren haben, was geduldig zu sein heißt, denn keiner hat es ihm je gezeigt. In sozialer Hinsicht wird solch ein Kind große Schwierigkeiten bekommen. Von Kameraden, Freunden oder Freundinnen kann man nicht erwarten, dass sie besonders geduldig sind. Auch die Gesellschaft wird gegenüber einem ungeduldigen Mädchen oder Jungen wenig Kompromissbereitschaft zeigen. Kinder werden kaum Gelegenheit finden, Geduld und Liebe von irgend jemand anderem zu lernen, wenn die Eltern in dieser Hinsicht versagt haben. Sie bringen einfach zum Ausdruck, was man sie gelehrt hat und was sie erfahren haben, während sie aufwuchsen. Daher solltet ihr sehr vorsichtig sein bei allem, was ihr tut, denn jede Äußerung und jede Handlung hinterlässt im Geist des Kindes einen nachhaltigen Eindruck. All dies dringt tief ein in sein Inneres, denn es sind die ersten Dinge, die es sieht und hört. Es sind die ersten Eindrücke, die sich seinem Gemüt unauslöschlich einprägen. Die Mutter ist der erste Mensch, mit welchem das Kind in Kontakt kommt. Dann kommt der Vater und danach die älteren Geschwister. Alle anderen Arten von Beziehungen ergeben sich erst später.

Bewahrt daher in Gegenwart eurer Kinder stets die Kontrolle über euren Geist. Schafft eine positive häusliche Atmosphäre, in welcher sie gut aufwachsen können. Andernfalls werden in der Zukunft viele Sorgen auf euch zukommen."

Die kindlichen Eigenschaften, die Amma uns zu entwickeln empfiehlt, sind folgende:

In der Gegenwart leben: Kinder denken nur selten an die Vergangenheit oder die Zukunft. Sie gehen ganz auf in der Gegenwart und sind somit jederzeit sorgenfrei und glücklich, vorausgesetzt die Lebensumstände sind nicht qualvoll. Die Bürde des Kummers scheint eine Angelegenheit der Erwachsenen zu sein.

Unparteilichkeit gegenüber allen: Ein Kind hegt keine Vorurteile gegenüber Menschen. Geschlecht, Rasse, Religion, Nationalität, Reichtum, Armut, Jugend, Alter - in den Augen des Kindes macht all dies keinen Unterschied. Kinder vertrauen in der Regel jedermann und haben vor niemandem Angst.

Keine starke Anhaftung: Ein Kind ist ganz eingenommen von einem Spielzeug, das ihm anscheinend lieb und teuer ist - doch schon im nächsten Augenblick mag es die Sache beiseite legen und sich einer neuen zuwenden. Selbst wenn man ihm etwas wegnimmt, ist der Kummer darüber überaus kurzlebig. Sogar in seinen Beziehungen zu Menschen verhält es sich ähnlich, ausgenommen es handelt sich um seine nächsten Verwandten wie Mutter, Vater, Bruder oder Schwester.

Keine sexuelle Anziehung: Sie empfinden weder sexuelle Anziehung, noch haben sie einen Sinn für geschlechtsspezifische Unterscheidungen. Alle Frauen sind Mama und alle Männer sind Papa. Sie leiden nicht an dem Wahnsinn, der Erwachsene heimsucht. Sie leben selig in ihrer eigenen simplen und unschuldigen Welt

Ihr Ärger ist kurzlebig: Ihre Wut hält nur für kurze Zeit an. Anders als Erwachsene tragen sie keiner Person etwas lange nach. Sie betrachten auch keinen Menschen als böse, selbst dann nicht, wenn er es tatsächlich ist. Es wird überliefert, der berühmte König *Yudhishthira* aus dem *Mahabharata* hätte keinerlei Feinde gehabt; es gab für ihn keine bösartigen Menschen, obwohl Tausende von Leuten ihn während des Krieges und auch schon vorher umzubringen versuchten. Sein Vetter *Duryodhana* hingegen sah in den Mitmenschen nur das Schlechte und war unfähig, etwas Gutes in ihnen wahrzunehmen.

Erstaunen und Spontaneität: Ein kleiner Junge weilte zum ersten Mal in seinem Leben in einem Dorf, weit entfernt von der Großstadt. Er befand sich auf dem Bürgersteig, als ein Bauer mit seinem Pferdewagen vorbeikam und in einen Laden ging. Voller Erstaunen blickte der Junge die ganze Zeit auf das Pferd, ein Tier, das er niemals zuvor gesehen hatte. Als der alte Mann aus dem Geschäft zurückkehrte und sich bereit machte, wegzufahren, sagte der Kleine zu ihm: „Hallo, mein Herr, ich muss sie warnen, denn er hat gerade sein Benzin verloren!"

Mit einer Bananenschale in der Hand kam ein kleines Mädchen an einen Obststand am Straßenrand: "Was möchtest du, mein Herz?", fragte der Verkäufer. „Eine Nachfüllung bitte!", lautete die Antwort.

KAPITEL VIERZEHN

Arbeit als Anbetung

Viele Devotees sind der Ansicht, sie seien nicht in der Lage, Zeit für ausgiebige spirituelle Praxis zu finden, entweder aufgrund ihres arbeitsreichen Lebens oder aus Mangel an Willenskraft. Einige haben auch das Gefühl, sie würden durch ihre Arbeit abgelenkt. Sie fühlen sich zwischen zwei Welten hin- und hergerissen, der spirituellen Welt, derer sie sich teilweise zuhause oder in einem *ashram* erfreuen, und der alltäglichen Arbeitswelt. Der Kontrast ist zu groß für sie. Amma sagt: "Kinder, macht alle eure Handlungen zu einer Anbetung Gottes." Doch ist dies, realistisch gesprochen, überhaupt möglich?

Einige Menschen erlangen Frieden, indem sie viel meditieren und in Einsamkeit leben. Andere empfangen ihn durch ständige Erinnerung an Gott und den *guru*, während sie aktiv sind. Beides ist schwierig. Schließlich ist es keine leichte Aufgabe, den ruhelosen Geist unter Kontrolle zu bringen.

Damit unsere Arbeit zu einem Anbetungsvollzug werden kann, müssen wir während unserer freien Zeit einen hingebungsvollen Gemütszustand entwickeln. Wenn wir morgens aufstehen, sollten wir sofort zu meditieren beginnen und ein paar Augenblicke beten, während wir auf dem Bett sitzen, anstatt in die Küche zu gehen, ins Badezimmer zu eilen oder die Zeitung zu lesen. Wenn wir beten, können wir Gott bitten, unsere gesamten täglichen Handlungen als Gebet an Ihn zu akzeptieren; auch sollten wir ihn darum bitten, alle unsere Gedanken zu ihm strömen zu lassen - so wie der Ganges zum Ozean fließt. Tagsüber können wir auf dem Weg zur Arbeit, ebenso wie auf dem Rückweg, *japa* praktizieren. Nachdem wir nach Hause gekommen sind, zu Abend gegessen haben und Zeit mit der Familie verbracht haben, sollten wir für eine Weile die *Bhagavad Gita* und das *Srimad Bhagavatam* lesen. Andernfalls können wir auch die Schriften unseres *gurus* lesen. Falls es möglich ist, singen wir einige *bhajans* und rezitieren Gebete. Bevor wir uns zu Bett begeben, sollten wir Gott um Verzeihung bitten für die Fehler, die wir tagsüber begangen haben und ebenfalls darum, dass unser Schlaf eine lang anhaltende Niederwerfung vor ihm sein möge.

Einmal im Monat können wir einen ganzen Tag mit *sadhana* verbringen, entweder im Haus oder besser noch außerhalb des Hauses an einem abgelegenen Ort. Ich kann aus eigener Erfahrung sprechen. Als ich in Berkeley wohnte, pflegte ich, bevor ich 1968 nach Indien ging, viel Zeit auf den Hügeln fernab von Menschen zu verbringen - ich studierte die Schriften, meditierte und betete. Es half mir sehr.

> "Einsamkeit ist von wesentlicher Bedeutung. Es ist notwendig, einige Zeit damit zu verbringen, den Geist zu läutern, indem wir uns von den schlechten *vasanas* befreien, die wir in der Vergangenheit angesammelt haben. Einsamkeit wird den Geist daran hindern, abgelenkt zu werden."
>
> – Amma

Auf diese Weise wird nach und nach ein Strom der Gott-Erinnerung und des Friedens unser alltägliches Dasein durchdringen. Wir werden uns der Gedanken und Handlungen bewusst, die unseren Frieden stören, und dies trägt dazu bei, dass wir unsere Verhaltensweisen ändern. Allmählich werden wir uns sogar in

Situationen, wo wir unter Druck geraten, friedvoll fühlen. Die Dinge regen uns nicht mehr so auf, wie sie es zuvor taten. Wir werden weniger dazu tendieren, stets auf Dinge zu reagieren und im Auf und Ab von Freude und Leid emotional mitzuschwingen; stattdessen nehmen wir mehr und mehr die Haltung eines Zeugen und Zuschauers ein.

Auch diejenigen, welche die Einsamkeit dem Leben in der Welt vorziehen, müssen sich mit ihren negativen *vasanas* auseinandersetzen. Die *mahatmas* sagen, dass *vasanas* oder Gewohnheiten das Haupthindernis darstellen, wenn es um die Erfahrung des Friedens geht, der sich in unserem Inneren befindet. Das Problem ist, dass die meisten von ihnen für uns unsichtbar und unbekannt sind; sie befinden sich im unterbewussten Geist. Durch lang anhaltende und tiefe Meditation werden sie schließlich an die Oberfläche kommen, sodass wir uns ihrer bewusst werden und Schritte unternehmen können, sie aufzulösen.

Es hat jedoch den Anschein, dass der Weg des *yogis* in der Höhle weitaus langsamer und schmerzhafter ist als der Weg von jemandem, der danach strebt, sich Gott zu allen Zeiten und unter allen Umständen zu erinnern. Die *vasanas* des letzteren werden zum Vorschein kommen, wenn die entsprechenden Umstände eintreten. Diejenigen, welche intensives *sadhana* praktizieren, während sie sich draußen in der Welt befinden, werden ihre *vasanas* schneller erschöpfen; bei ihnen geschieht es allmählich und auf natürliche Weise, da sie sich in wechselseitigem Kontakt mit der Welt befinden.

Wenn wir in der Welt leben oder mit anderen Menschen Kontakt haben, ergeben sich eine Fülle von Gelegenheiten, den Zorn - eine der häufigsten und machtvollsten destruktiven Gewohnheiten - an der Wurzel auszurotten. Wie soll es möglich sein, das Ausmaß unseres latenten Zorns zu kennen, wenn wir allein in einer Höhle sitzen?

Ganz zu Anfang meines spirituellen Lebens wurde ich Zeuge eines Vorfalls, der einen lebenslangen Eindruck in mir hinterlassen hat. Ich war gerade in *Arunachala* angekommen, als ein älterer Devotee sich anbot, mit mir eine Tour zu einigen der heiligen Stätten in und um *Tiruvannamalai* zu unternehmen. Auf dem heiligen Hügel besuchten wir viele Höhlen und auch einige kleinere Tempel. Als wir in einen Ort namens Pazhavakunram Hill kamen, begaben wir uns zu einer Höhle, in der ein *yogi* seit vielen Jahren lebte. Wir standen in einiger Entfernung von der Höhle, als ein Schäfer mit ein paar Ziegen dort vorbeikam. Plötzlich stürzte der *yogi* zornentbrannt heraus und beschimpfte den Schäfer aufs Unflätigste; er drohte ihm, seine Ziegen zu töten, wenn er nicht aufhörte, ständig in die Nähe der Höhle zu kommen und ihn bei seiner Meditation zu stören!

Dieser Zornesausbruch eines Menschen, der 40 Jahre meditierend in einer Höhle gesessen hatte, schockierte mich sehr. Es war sicherlich nicht etwas, dem ich nacheifern wollte. Eine solche Abgeschlossenheit verlangte ohne Zweifel große Willenskraft, doch hatte sie offensichtlich die verborgene Finsternis des Egos in keiner Weise geschwächt.

Ein Devotee, der die Gnade Gottes zu erlangen wünscht, sollte seine Sprache jederzeit im Zaum halten. Die Sprache ist sehr machtvoll, nicht nur für denjenigen, der sie hört, sondern gleichermaßen, wenn nicht sogar in intensiverer Weise für denjenigen, welcher sich ihrer bedient. Sie kann die Atmosphäre ebenso reinigen wie verderben, und dies gilt für den eigenen Geist ebenso.

Diamanten und Kröten

Es war einmal eine Frau, die zwei Töchter hatte. Die ältere Tochter ähnelte in Aussehen wie Verhalten sehr der Mutter. Beide waren so zänkisch und stolz, dass es mit ihnen kein Auskommen gab.

Die jüngere Tochter glich ihrem Vater. Sie war gütig, liebenswert und sehr schön. Da Menschen gemeinhin diejenigen lieben, die ihnen ähnlich sind, war die Mutter ihrer ältesten Tochter sehr zugetan, während sie gleichzeitig eine große Antipathie gegen die jüngere hegte. Sie ließ sie auf dem Küchenboden essen und die ganze Zeit über hart arbeiten. Es erinnert einen irgendwie an Aschenputtel.

Unter anderem war diesem armen Kind die Pflicht aufgetragen, jeden Tag mit einem großen Gefäß zu einer Waldquelle zu gehen, die über drei Kilometer von ihrem Haus entfernt lag, und von dort Wasser zu holen.

Eines Tages, als sie wieder einmal an die Quelle kam, näherte sich ihr eine arme Frau und bettelte um etwas zu trinken.

„Oh, ja natürlich, meine Dame!", sagte das reizende kleine Mädchen. Sie füllte etwas von dem kühlen, klaren Quellwasser ein und hielt das Gefäß nach oben, sodass die Frau ohne Schwierigkeiten daraus trinken konnte.

Als sie ihren Durst gelöscht hatte, sagte die Frau: „Du bist so reizend, mein Liebes, so gütig und freundlich, ich muss dir einfach ein Geschenk machen."

Diese Frau war in Wirklichkeit eine Fee, die die Gestalt einer armen Landfrau angenommen hatte, um herauszufinden, wie das Mädchen sie behandeln würde.

"Das Geschenk, was ich dir gebe", fuhr die Frau fort, „besteht darin, dass mit jedem Wort, das du aussprichst, entweder eine Blume oder ein Edelstein aus deinem Mund kommen wird."

Als die Kleine nach Hause kam, wurde sie von der Mutter ausgeschimpft, weil sie solange gebraucht hatte, um von der Quelle zurückzukehren. "Ich bitte dich um Vergebung", sagte das arme Mädchen, „dass ich mich nicht mehr beeilt habe." Als sie diese Worte aussprach, kamen aus ihrem Mund zwei Rosen, zwei Perlen und zwei große Diamanten heraus.

„Was ist das, was ich hier sehe?", fragte die Mutter erstaunt. „Ich glaube, ich sehe Perlen und Diamanten aus dem Munde des Mädchens herausfallen! Wie ist das geschehen, mein Kind?" Dies war das erste Mal, dass sie die Tochter jemals „mein Kind" genannt oder freundlich zu ihr gesprochen hatte.

Das arme Mädchen erzählte ihrer Mutter alles, was an der Quelle geschehen war und auch von dem Geschenk der alten Frau. Währenddessen fielen die ganze Zeit Edelsteine und Blumen von ihren Lippen.

„Das ist ja wunderbar!", rief die Mutter aus. „Ich muss mein anderes Kind zu der Quelle schicken. Komm her, Mädchen, und schau, was aus dem Mund deiner Schwester herauskommt, wenn sie spricht! Wärest du nicht froh darüber, dasselbe Geschenk zu bekommen? Alles, was du tun musst, ist das Gefäß zur Waldquelle zu bringen. Wenn eine alte Frau dich um etwas zu trinken bittet, gib es ihr."

„Das wäre die rechte Sache für mich", sagte das selbstsüchtige Mädchen, „ich werde nicht dort hingehen und Wasser aus der Quelle nach oben ziehen! Meine Schwester kann mir ihre Edelsteine geben. Sie braucht sie sowieso nicht." - „Und du gehst doch", sagte die Mutter, „und zwar auf der Stelle!" Schließlich willigte die ältere Tochter ein und begab sich zur Quelle, während sie die ganze Zeit über murrte und fluchte. Sie hatte das beste Silbergefäß, das sich im Haus befand, mitgenommen.

Kaum hatte sie die Quelle erreicht, sah sie eine wunderschöne Dame aus dem Wald kommen. Sie ging auf das Mädchen zu und bat sie um etwas zu trinken. Es war dieselbe Fee, die auch der jüngeren Tochter begegnet war, doch diesmal hatte sie die Gestalt einer Prinzessin angenommen.

„Ich bin nicht den weiten Weg hierher gekommen, um Euch mit Wasser zu versorgen", sagte das selbstsüchtige Mädchen „Glaubt ihr, ich hätte dieses Silbergefäß so weit getragen, nur um Euch trinken zu lassen? Ihr könnt genau so gut Wasser aus dem Quell schöpfen wie ich."

„Nun, du bist nicht sehr höflich", sagte die Fee. „Weil du so grob und unfreundlich bist, ist mein Geschenk an dich das folgende: Immer, wenn du ein Wort sprichst, werden Kröten und Schlangen aus deinem Mund kommen."

Sobald die Mutter ihre Tochter kommen sah, rief sie aus: „Nun, mein liebes Kind, hast du die gute Fee gesehen?" - „Ja, Mutter", antwortete das stolze Mädchen, und während sie sprach, fielen zwei Schlangen und zwei Kröten aus ihrem Mund. „Was sehe ich da?", schrie die Mutter auf. „Was hast du gemacht?" Das Mädchen versuchte zu antworten, doch krochen Schlangen und Kröten über ihre Lippen. Und so war es fortan für alle Zeit: Aus dem Mund der jüngeren Tochter, die gütig und freundlich war, fielen Edelsteine und Blumen, während die ältere Tochter nicht sprechen konnte, ohne dass ein Gewimmel von Schlangen und Kröten aus ihrem Mund kam.

Ist es uns gelungen, die innere Strömung der Gott-Erinnerung zu erwecken, werden wir eine einzigartige Stille hinter unseren Gedanken und Gefühlen wahrnehmen. Selbst wenn wir aktiv sind, werden wir fähig sein, sie „mit einer Hand" beizubehalten, während die andere Hand sich der Arbeit zuwendet. Nach und nach werden wir während unserer Handlungen ein Gefühl von Loslösung wahrnehmen, selbst wenn wir intensiv arbeiten. Tatsächlich ist die Meditation während der Arbeit eine extrem wirkungsvolle Form des *sadhana*. Wir werden gleichsam zu einem Schauspieler auf der Bühne, wir interpretieren unsere Rolle, ohne uns mit ihr zu identifizieren. Dann werden wir die Bedeutung von Shakespeares Worten verstehen:

„Die ganze Welt ist eine Bühne, und alle Männer und Frauen sind bloße Spieler. Sie haben ihre Auftritte und Abgänge. Und ein Mann spielt zu seiner Zeit vielerlei Rollen. Seine Taten sind sieben Zeitalter..."

Frei von Zorn kämpfen

Eine Geschichte, die sich zu erzählen lohnt, handelt von einem König, dem es gelang, selbst seine Kampfeskunst Gott darzubringen. Dreißig Jahre lang bekämpfte er einen überaus starken Feind. Eines Tages nun ergab sich endlich die Gelegenheit für eine Entscheidung: Der Feind fiel vom Pferd, und der König sprang auf ihn mit seinem Speer. Noch eine Sekunde - dann hätte der Speer das Herz des Feindes durchbohrt, und die Geschichte wäre zu ihrem Ende kommen. Doch während dieses kurzen Augenblicks geschah folgendes: Der Feind spie dem König ins Gesicht - und die Hand des Königs hielt inne. Er ließ den Speer sinken, wischte sein Gesicht ab und sprach zu dem Feind: „Morgen beginnen wir wieder von vorn."

Der Feind war verblüfft und sagte: „Was ist geschehen? Seit dreißig Jahren haben wir auf diesen Augenblick gewartet. Ich habe darauf gehofft, ich würde früher oder später einmal mit meinem Speer auf deiner Brust sitzen und die Sache zu ihrem Ende bringen. Diese Gelegenheit hat sich für mich jedoch nie ergeben - stattdessen hat sie sich heute dir geboten. In einem einzigen Augenblick hättest du mich töten können. Was ist los mit dir?"

Der König antwortete: „Dies ist kein gewöhnlicher Krieg. Ich habe einen Eid geschworen, während des Kämpfens niemals in Zorn zu geraten. Dreißig Jahre habe ich ohne jegliche Zornaufwallung gekämpft. Heute jedoch stieg für einen kurzen Augenblick Ärger in mir auf. Als du mich angespuckt hast, wurde ich wütend, und das Ganze wurde persönlich. Ich wollte dich töten, das Ego trat in den Vordergrund. Dreißig Jahre lang - bis auf den heutigen Tag - hat es kein Problem gegeben, denn wir kämpften um der Sache willen. Du warst nicht mein Feind, persönliche Dinge blieben aus dem Spiel. Ich hatte keinerlei Interesse daran, dich zu töten. Ich wollte nur unserer Sache zum Sieg verhelfen. Heute jedoch habe ich für einen kurzen Moment diesen Kampfgrund vergessen - du wurdest zu meinem persönlichen Feind, und ich wollte dich umbringen. Genau dies ist der Grund, warum ich dich nicht töten kann. Lass uns also morgen wieder von neuem beginnen."

Doch wurde der Krieg niemals fortgeführt, denn der Feind wurde zu einem Freund. Er sprach: "Von nun an sei mein Lehrer! Sei mein Meister und lass mich dein Schüler sein. Auch ich möchte lernen, ohne Zorn zu kämpfen."

Die *Bhagavad Gita* legt dieses Prinzip anhaftungslosen Handelns in kristallklarer Weise dar:

> "Nachdem Freude und Schmerz, Gewinn und Verlust, Sieg und Niederlage für dich gleichbedeutend geworden sind, nimm den Kampf auf; so wirst du nicht sündigen."
>
> – Kap. 2, Vers 38

"Daher tue ohne Anhaftung stets das, was getan werden muss. Denn durch verhaftungsloses Handeln erreicht der Mensch das Höchste."

– Kap. 3, Vers 19

"Entsage allen Handlungen in Mir, konzentriere deinen Geist auf das Selbst; sei frei von Hoffnung, Ichgedanken, Fiebrigkeit - und kämpfe. Menschen, die beständig, voll Glauben und ohne Anstoß zu nehmen, diese Meine Lehre praktizieren, werden ebenfalls von Handlungen befreit."

– Kap. 3, Verse 30-31

"Durch das Aufgeben von Anhaftung handeln die *yogis* nur mit Körper, Geist, Intellekt und Sinnen, um sich zu reinigen.

Wer die Einheit gefunden hat, gelangt zum ewigen Frieden, nachdem er den Früchten des Handelns entsagt hat; nur wer die Einheit nicht gefunden hat, der vom Wunsch Getriebene, Verhaftete, ist fest gebunden."

– *Bhagavad Gita*, Kap. 5, Verse 11-12

Indem wir die Lehren eines Meisters studieren oder mit einer großen Seele wie Amma in Kontakt treten, erlangen wir den Glauben, dass Spiritualität die höchste Wahrheit ist.

Die eigentliche Natur des Individuums, weitaus feiner als Körper und Geist, ist das subtilste Prinzip des unzerstörbaren Bewusstseins, der *atman* oder das „Ich". Der Atman und seine Quelle, Brahman oder die höchste Wirklichkeit, sind im Wesentlichen eins, so wie Funken und Feuer.

Spiritualität ist die Lebensweise, die auf das endgültige Ziel des Daseins gerichtet ist, nämlich die Verwirklichung und direkte Erfahrung der Einheit des *atman* und des Höchsten Wesens oder Gott.

Bis diese Einheit erfahren wird, nimmt das Individuum fortwährend neue Geburten in verschiedenen Körpern an, gefangen im anfanglosen Kreislauf des *samsara*, wo Tod und Wiedergeburt fortwährend aufeinander folgen. Die Techniken, mittels derer die Identifikation mit dem Geist-Körper-Kompositum überwunden wird, sind unter dem Namen *yoga* bekannt. Sie müssen betrieben werden, bis die Befreiung aus dem *samsara* erfolgt ist.

Schützt euren Glauben

"Wenn ihr euer Vertrauen verliert, wird ein kummervolles Gefühl von Sinnlosigkeit daraus hervorgehen."

– Amma

Wie verlieren wir diesen Glauben? Manchmal gerät der Glaube ins Wanken durch die Bekanntschaft mit Menschen oder Büchern, die einen reinen Materialismus befürworten.

Wir verlieren unser Ziel, unsere spirituelle Orientierung und glauben, einzig der Materialismus ergebe einen Sinn. Selbst der Ort, an dem wir wohnen oder die Nahrung, die wir zu uns nehmen, können einen solchen Sinneswandel verursachen. Wenn wir den Weg des Materialismus einschlagen, werden wir am Ende desillusioniert, sei es in diesem Leben oder einem zukünftigen, denn der *jiva* (individuelle Seele) kann durch den Materialismus nie zufriedengestellt werden. Wieso nicht? Weil wir essenziell ein spirituelles Wesen sind, das zeitweise an einen Körper gefesselt ist. Innerhalb dieser weiten Schöpfung sind wir unaufhörlich auf Wanderschaft und auf der Suche nach dauerhafter Glückseligkeit.

Wir können den Zustand der Erfüllung nur erreichen, indem wir mit unserer spirituellen Quelle verschmelzen. Dies ist der Grund, warum Amma sagt, wenn ihr euren Weg verliert, wird ein kummervolles Gefühl der Sinnlosigkeit euch überwältigen.

> „Seid aufmerksam auf den Kern von Ammas Ratschlägen, kultiviert innere Reinheit. Dann, Kinder, wird die Göttliche Welt der Ewigen Wonne in euch erstrahlen."
>
> – Amma

Was ist die Essenz von Ammas Lehren? Verwirklicht das Selbst! Wie macht man das? Der erste Schritt ist die Kultivierung innerer Reinheit. Äußerliche Sauberkeit wie etwa Baden, Körperpflege etc. haben keinen Einfluss auf innere Reinheit. Wenn dies der Fall wäre, hätten Enten und Fische einen geläuterten Geist und wären Heilige. Innere Reinheit meint eine solche des Geistes. Wir wissen alle, was reine und unreine Gedanken sind. Reine Gedanken machen uns friedvoll und glücklich; unreine Gedanken wühlen uns auf, machen uns ruhelos und unglücklich. Wir müssen zwischen beidem unterscheiden - letztere sind zurückzuweisen, erstere zu kultivieren. Dies ist keine leichte Aufgabe. Aus Unwissenheit hinsichtlich echter Spiritualität geben wir seit ewigen Zeiten unreinen, weltlichen Gedanken den Vorzug. Alle spirituelle Praxis dient der Reinigung des Geistes von rajasischen und tamasischen bzw. der Vermehrung der sattvischen Gedanken. . Das ist der Sinn von allem *sadhana*. Schließlich müssen sogar die sattva-artigen Gedanken zurückgewiesen werden, damit die Göttliche Natur hervortreten kann. Die Göttliche Welt der ewigen Wonne ist in uns; es ist das wahre Wesen eines geläuterten Geistes. „Das Königreich des Himmels liegt in euch.", sagte Christus. In welcher der vielen Welten wir auch immer leben mögen, unser inneres Gefühl wird erfüllt sein von Freude,

unwandelbarer und unverminderter Seligkeit und Frieden. Ist
der Geist dagegen ruhelos, ist dies schon selbst die Hölle. Sogar
wenn man sich in der Hölle befindet, ist ein geläuterter Geist von
Wonne durchdrungen. Dieser Zustand ist jenseits von Schmerz.

Ein Sufi-Heiliger

Mansur Al-Hallaj war ein berühmter Sufi-Mystiker aus dem
10. Jahrhundert. Er wurde 922 hingerichtet aufgrund seines
Ausspruchs "Ana al Haq", was bedeutet: „Ich bin die Wahrheit."
Mit einem Lächeln auf seinem Gesicht starb er - im Wissen um
das Selbst.

Die *Bhagavad Gita* gibt Auskunft über diesen Zustand:

„Das, was für den *yogi* den nicht zu übertreffenden
Gewinn darstellt, wenn er es einmal erlangt hat; das,
was ihn auch angesichts der größten Pein nicht erschüt-
tert sein lässt, wenn er fest darin ruht,

Möge dies den Namen *yoga* tragen: das Aufhören
der Einheit mit dem Schmerz. Dieser *yoga* ist mit Ent-
schlossenheit und unverzagtem Geist zu üben.

Indem er alle aus der Vorstellung hervorgegangenen
Wünsche aufgibt und durch den Geist den Wirkungs-
bereich der Sinnlichkeit von allen Seiten begrenzt,

erlange er allmählich Ruhe, nachdem der Verstand
zum Stillstand gekommen ist; wenn der Geist dazu
gebracht worden ist, sich im Selbst zu verankern, denke
er an nichts.

Von jeglicher Ursache, die den ruhelosen und unste-
ten Geist umherwandern lässt, werde er abgezogen und
nur der alleinigen Kontrolle des Selbst unterstellt.

Höchste Wonne erfährt wahrlich der *yogi*, dessen Geist sehr friedvoll und dessen Leidenschaft gestillt wurde; der zu *brahman* geworden und ohne Sünde ist.

Indem der *yogi* auf diese Weise mit Unerschütterlichkeit auf das Selbst gerichtet ist, erreicht er, befreit von Sünden, mit Leichtigkeit die unendliche Wonne, die aus dem Kontakt mit Brahman entsteht."

– Kap. 6, Verse 22-28

KAPITEL FÜNFZEHN

Die Große Macht der Maya

"*Maya*, die Große Macht der Illusion, hält uns davor zurück, spirituell voranzuschreiten. Mit einem Herzen voller Kummer verbringen wir unsere Tage im Körperbewusstsein. Was für ein Jammer, dass uns der Teufel der Begierde, der uns in Gestalt illusorischer Versuchungen heimsucht, in den finsteren Abgrund der *maya* stößt und uns zu einem gefundenen Fressen für den Todesgott macht. Wehe euch, wenn ihr in den Klauen dieses Teufels gefangen seid, denn ihr werdet eure Seele verlieren. Alle eure Sorgen werden erst dann verschwinden, wenn ihr die Begierden aufgebt und eure Hoffnung allein auf Gott setzt."

– Amma

Maya, die göttliche Macht der Illusion zieht uns fortwährend hinunter, fort von der Verwirklichung des Göttlichen und fort von unserer Quelle, dem Ozean der Seligkeit. Sie lässt uns den *atman*, unser eigentliches Selbst, vergessen und verleitet uns stattdessen zur Identifikation mit *ahamkara* (Ego), dem vergänglichen Aspekt unseres Wesens, wozu Körper und Persönlichkeit gehören.

Ist dies einmal geschehen, wissen wir nicht mehr, was wirkliche Glückseligkeit bedeutet, und wir suchen endlos nach ihr in Gestalt von Vergnügungen, die uns die Sinne und das Gemüt gewähren. Unaufhörlich werden wir nun bis zum Tod abwechselnd Kummer und Glück erfahren. Die einzige Erleichterung scheinen wir durch den traumlosen Schlaf zu erlangen. Selbst der Tod stellt keine Lösung dieses ewigen Problems dar. Dieselbe Art von Ernüchterung dauert fort innerhalb der nächsten Welt und sogar danach. Um dies zu verstehen und zu erkennen, dass die einzige Lösung in der Befreiung besteht, müssen wir intensiv danach streben, sie zu erreichen.

Traurigerweise lässt *maya* viele Dinge äußerst attraktiv erscheinen und stellt sie uns dar als Quelle von Freude und Glück, während sie uns gleichzeitig blind macht für ihre hässliche Seite - für die Möglichkeit und Wahrscheinlichkeit von Schmerz. Am meisten werden wir durch körperliche Erscheinungen geblendet. Körperliche Schönheit ist für jedermann anziehend, doch kennen wir alle das Sprichwort: „Es ist nicht alles Gold, was glänzt." Ein Mensch mag ansehnlich gekleidet sein, gut oder sogar wunderbar aussehen und doch innerlich ein Teufel sein. Könnten wir hinter die äußere Erscheinung blicken, würden wir nicht mehr so bezaubert sein! Unglücklicherweise erlangen wir, selbst nachdem wir ein ganzes Leben der *maya* hinterhergelaufen sind, nicht das Glück und den Frieden, nach welchen es uns so sehr verlangt. Wieder und wieder tun wir dieselben Dinge, so wie eine Kuh alles wiederkäut. Anders als Amma vermögen wir aufgrund unserer groben Sichtweise im Vergänglichen nicht das Unvergängliche zu erblicken.

Das Seltsamste ist: Selbst wenn wir hören, verstehen und erkennen, dass all dies wahr ist, so erweisen wir uns doch als unfähig, ernsthaft etwas zu unternehmen und die Sache in Ordnung zu bringen. Sogar, wenn wir uns auf den Weg zurück zur Wahrheit machen, ziehen uns unsere alten Gewohnheiten immer wieder in den Ozean des *samsara* zurück. Wir betrachten spirituelle Wahrheiten als wünschenswerte Ziele, nicht jedoch als d i e Wahrheit, die uns „unter den Nägeln brennt". Wir gleichen Kreaturen auf dem Grund des Ozeans, die keinerlei Neigung verspüren, an die Oberfläche zu schwimmen, um dort das Licht zu genießen. Nur wenn wir über den enormen Ernst unserer Lage zur Klarheit gelangen, werden wir die erforderliche Anstrengung unternehmen, ihr zu entkommen. Bis dahin wird es so sein, dass Amma uns sagt: „Macht es so, Kinder", und wir werden antworten: „Noch nicht, Amma. Ich habe noch andere wichtige Dinge zu erledigen."

Der reiche Kaufmann

Es war einmal ein reicher Kaufmann, der viele Geschäfte und Warenhäuser besaß. Zwischen seinem Büro und seinem Haus befand sich ein kleiner Shiva-Tempel. Auf seinem Weg nach Hause pflegte er dort jeden Abend Halt zu machen. Dann betete er zum Herrn und legte Ihm all seine Sorgen zu Füßen. Sein Gebet lautete: Oh, *Mahesvara,* ich bin dieses Lebens so müde. All die Sorgen und Mühen, all die schlaflosen Nächte! Bitte befreie mich von diesen ganzen Problemen und lass mich zu Deinen Füßen gelangen!" Dies war sein tägliches Gebet. Doch kam er immer sehr spät zum Tempel, nachdem er mit seiner Arbeit fertig war. Dies störte den dortigen Priester, denn der Tempel sollte eigentlich um 21 Uhr geschlossen werden; der Kaufmann jedoch tauchte immer erst nach 22 Uhr auf, was bedeutete, dass der Priester aufbleiben musste, bis er fort war. Aus Furcht davor, seine Anstellung zu verlieren, konnte er schlecht ablehnen, denn der Kaufmann war eine überaus einflussreiche Persönlichkeit. Daher betete er zum Herrn, um einen Weg zu finden, diese belastende Situation zu beenden.

Schließlich heckte er einen Plan aus. Wie gewöhnlich kam der Mann um 22 Uhr in den Tempel, doch diesmal versteckte sich der Priester hinter dem Standbild *Shivas*. Der Kaufmann begann mit seinem normalen Gebet: „Oh, Herr! Mich ermüdet dieses leidvolle Dasein. Bitte geleite mich zu Deinen Lotusfüßen!" Kaum hatte er diese Worte ausgesprochen, als eine dröhnende Stimme aus dem Inneren des Schreins drang: „Komm, komm zu mir noch in diesem Augenblick, und ich werde dich für immer zu mir holen!" Der Mann fiel beinahe in Ohnmacht, so geschockt war er. Nachdem er wieder Herr seiner Sinne war und seine Stimme zurückerlangt hatte, rief er aus: „Herr, vergib mir, aber ich habe hunderte von Pflichten zu erfüllen. Die Vermählung meiner Tochter ist für nächste Woche festgesetzt; mein Sohn muss in der medizinischen Fakultät eine Anstellung finden, und meine Frau ist noch nicht von ihrem Besuch im Haus meines Schwiegersohns zurückgekehrt. Ich habe noch ein weiteres Warenhaus gekauft und die Registrierung ist für Freitag anberaumt. Wenn ich all das erledigt habe, werde ich kommen, oh, Herr!" Nachdem er dies gesagt hatte, rannte der Kaufmann aus dem Tempel hinaus. Fortan musste der Priester nicht mehr bis spät am Abend aufbleiben, denn der Mann kehrte niemals zurück!

Jeden Tag hören wir davon, dass erfolgreiche und ehrgeizige junge Menschen plötzlich sterben, doch wir denken: „Dies wird mir natürlich nicht passieren." Bis zum Schluss unterliegen wir der Faszination der *maya*. Immer sind wir damit befasst, irgendein Ziel zu verfolgen, wenn nicht dieses, dann jenes. Dabei vergessen wir die einfache Wahrheit, dass wir am Ende zur „Beute des Todesgottes" werden. Nur wenn wir unser Leben dem Ziel der spirituellen Verwirklichung weihen, werden wir beim Verlassen dieser Welt zum Göttlichen gelangen, anstatt zu jenem Todesgott.

Wünsche kontrollieren

Der berühmte russische Schriftsteller Leo Tolstoi schrieb einmal eine Geschichte, die eine Metapher darstellt für die Notwendigkeit, unseren Wünschen, den großen Verlockungen der *maya*, Grenzen zu setzen. Auf wunderbare Weise macht sie uns auf die Wahrheit aufmerksam, dass wir, indem wir den Tod vergessen, bei der Verfolgung unserer Ziele möglicherweise zu weit gehen und am Ende zum „Frühstück des Todesgottes" werden.

Es war einmal ein Bauer namens Pahom, der hart und ehrlich für seine Familie arbeitete. Er besaß jedoch kein eigenes Stück Land, sodass er arm blieb. In der Nähe von Pahoms Dorf wohnte eine Dame, eine Landbesitzerin, die über einen Grundbesitz von ca. 1,2 Quadratkilometern verfügte. Eines Winters verbreitete sich die Nachricht, die Dame hege die Absicht, ihr Land zu verkaufen. Pahom kam zu Ohren, dass einer seiner Nachbarn 200.000 Quadratmeter des Landes gekauft hatte und dass die Dame bereit war, sich einstweilen mit der Hälfte der Verkaufssumme zu begnügen und auf den Erhalt der noch ausstehenden Hälfte ein Jahr lang zu warten.

Pahom und seine Frau steckten die Köpfe zusammen und überlegten, wie sie es anstellen konnten, ebenfalls ein Stück Land zu kaufen. Einhundert Rubel hatten sie beiseite gelegt; sie verkauften eine Pistole und die Hälfte ihrer Bienen, liehen einen ihrer Söhne als Landarbeiter aus und nahmen seinen Lohn im Voraus in Empfang. Den Rest des Geldes borgten sie sich von einem Schwager aus und schafften es so, die Hälfte der Summe zusammenzukratzen. Danach wählte Pahom ein Gehöft aus mit 160.000 qm Land, einiges davon bewaldet, begab sich zu der Dame und kaufte es.

Nun besaß Pahom sein eigenes Stück Land. Er borgte sich Saatgut und säte es aus; glücklicherweise war die Ernte in jenem

Jahr gut. Innerhalb von zwölf Monaten war er in der Lage, dem Schwager und der Dame seine Schulden zurückzuzahlen. Er war jetzt ein Grundbesitzer, der auf seinem eigenen Land pflügte, säte, Heu erntete, seine eigenen Bäume fällte und sein Vieh auf der eigenen Weide fütterte.

Eines Tages, als Pahom zuhause saß, ging ein Bauer durch das Dorf, und wie es sich fügte, machte er halt an seinem Hof. Pahom fragte ihn, woher er käme, worauf der Fremde zur Antwort gab, er komme aus dem Gebiet jenseits der Wolga, wo er gearbeitet hatte.

Man kam miteinander ins Gespräch, und der Mann fuhr fort zu erzählen, dass in diesem Gebiet eine Menge Land zum Verkauf freigegeben sei und viele Leute dort hingezogen wären, um es zu erwerben. Das Land sei so gut, dass ein Bauer, der mit nichts als seinen baren Händen dort hingekommen wäre, nun sechs Pferde und zwei Kühe besäße. Pahoms Herz wurde von Begehrlichkeit erfüllt. „Warum soll ich in diesem Nest versauern", dachte er bei sich, „wenn ich woanders so gut leben kann? Ich werde mein Land, meinen Hof und mein Vieh verkaufen, dort mit dem Geld von vorn beginnen und alles aufs Neue erwerben."

So verkaufte Pahom also mit Gewinn sein Land, sein Gehöft und sein Vieh und zog mit seiner Familie in das neue Gebiet. Es war alles so, wie der Bauer gesagt hatte, und Pahom ging es zehnmal so gut wie vorher. Er kaufte eine Menge Acker- und Weideland und konnte eine so große Anzahl Vieh halten, wie er wollte.

Zu Anfang, während der geschäftigen Aufbau- und Ansiedlungsphase, war Pahom von alledem sehr angetan, doch als er sich daran gewöhnt hatte, bemächtigte sich seiner der Gedanke, dass ihm auch hier etwas fehle.

Dann erzählte ihm eines Tages ein auf der Reise befindlicher Landverkäufer, er sei gerade aus dem fernen Land der Baschkiren zurückgekehrt, wo er über 50 Quadratkilometer Land gekauft hatte, und alles für nur 1 000 Rubel. „Alles, was man tun muss, ist Freundschaft mit den Anführern der Baschkiren zu schließen", sagte er. „Ich habe ungefähr hundert Rubel für Morgenmäntel und Teppiche ausgegeben, ebenfalls eine Kiste Tee, und ich habe allen Wein spendiert. Am Ende habe ich das Land für weniger als zehn Cent pro 40.000 qm bekommen."

Pahom dachte sich: „Dort draußen kann ich zehnmal so viel Land bekommen wie hier. Ich muss es einfach versuchen." Er verließ also seine Familie, nahm einen Diener mit und begab sich auf die Reise. Auf ihrem Weg machten sie Halt in einer Stadt, wo sie eine Kiste Tee, etwas Wein und einige andere Geschenke kauften, so wie es der Geschäftsmann angeraten hatte. Sie fuhren weiter und weiter, und als sie mehr als 600 Kilometer zurückgelegt hatten, kamen sie am siebenten Tag schließlich an einen Ort, wo die Baschkiren ihre Zelte aufgeschlagen hatten.

Sobald sie Pahom erblickten, kamen sie aus ihren Zelten und versammelten sich um den Besucher. Sie bewirteten ihn mit Tee und einem üppigen Mahl. Pahom nahm die Geschenke aus seinem Wagen und verteilte sie unter ihnen. Dann erzählte er ihnen, er sei gekommen, um Land zu erwerben. Die Baschkiren schienen darüber sehr froh zu sein und erzählten ihm, er müsse in dieser Angelegenheit mit ihrem Anführer sprechen. Also ließen sie ihn holen und erklärten ihm den Grund für Pahoms Besuch. Der Anführer hörte eine Weile zu und deutete ihnen dann durch eine Handbewegung an, sie sollten schweigen. Nun wandte er sich selbst Pahom zu und sagte: "Nun, so sei es! Suche dir aus, welches Stück Land du haben willst. Wir haben eine Menge davon." - "Und was ist der Preis dafür?", fragte Pahom." Unser

Preis ist immer derselbe: 1.000 Rubel pro Tag." Pahom verstand nicht recht. „Ein Tag? Was für eine Messeinheit ist das? Wie viele Quadratkilometer wären das?" "Wir verkaufen es pro Tag. Die Fläche, die du an einem Tag mit deinen Füßen umrunden kannst, gehört dir, und der Preis ist tausend Rubel." Pahom war erstaunt. "Aber an einem Tag kann ich ein riesiges Gebiet umrunden", sagte er. Der Anführer lachte. „Es wird alles dir gehören!", sagte er. "Aber es gibt eine Bedingung: Wenn du nicht am selben Tag zu der Stelle zurückkehrst, von wo du losgegangen bist, ist dein Geld verloren."

Pahom war entzückt. In jener Nacht konnte er nicht schlafen. Immer wieder kreisten seine Gedanken um das Land. „Was für ein riesiges Gebiet ich markieren werde!", dachte er bei sich. „Mit Leichtigkeit kann ich 60 Kilometer pro Tag schaffen. Die Tage sind lang zu dieser Jahreszeit. Was für eine Menge Land das sein wird bei einem Umfang von 60 Kilometern!"

Am nächsten Morgen standen die Baschkiren bereit und sie alle brachen auf. Sie begaben sich auf einen kleinen Hügel, stiegen ab von ihren Wagen und Pferden und versammelten sich an einer Stelle. Der Anführer kam auf Pahom zu und streckte seinen Arm in Richtung der Landebene aus. „Schau her, all dies hier, soweit dein Auge reicht, gehört uns. Du kannst jeden Teil, der dir gefällt, bekommen. Pahoms Augen glänzten: Alles war jungfräulicher Boden, so flach wie eine Handfläche, so schwarz wie Mohnsamen; in den Mulden wuchsen verschiedene Grassorten meterhoch. Er zog seine Jacke aus, verstaute einen Brotbeutel in seiner Westentasche, band eine mit Wasser gefüllte Feldflasche an seiner Hose fest und machte sich bereit, um loszugehen.

Einen Augenblick überlegte er, welchen Weg er einschlagen sollte. Man war versucht in jede Richtung zu gehen, so verführerisch erschien die Landschaft. Pahom ging zu Anfang weder langsam, noch schnell. Nachdem er knapp einen Kilometer zurückgelegt hatte, hielt er an und war überzeugt, es seien über fünf Kilometer gewesen. Es war nun ziemlich warm geworden; er blickte zur Sonne und fand, es sei langsam Zeit für das Frühstück. Er sagte zu sich: „Ich will noch etwas mehr als fünf Kilometer gehen und dann nach links abbiegen. Dieser Ort ist so wunderbar, dass es eine Schande wäre, auf ihn zu verzichten. Je weiter man geht, desto besser erscheint das Land." Für eine Weile ging er weiter geradeaus, und als er sich umschaute, war der kleine Hügel kaum noch zu sehen. Die Menschen auf ihm sahen aus wie schwarze Ameisen. Er konnte nur etwas Glänzendes in der Sonne ausmachen. „Ah", dachte Pahom, „ich bin nun weit genug in diese Richtung gegangen; es ist Zeit, zurückzukehren. Außerdem bin ich sehr durstig." Er ging weiter und weiter; das Gras war hoch, und es war sehr heiß. Pahom begann müde zu werden. Er schaute zur Sonne und stellte fest, dass es Mittag war. „Gut", dachte er, „nun muss ich mich etwas ausruhen." Er setzte sich hin, aß etwas Brot und trank Wasser. Dabei dachte er: „Eine Stunde leiden für den ganzen Rest des Lebens!"

Also setzte er seinen Weg fort. Nachdem er eine lange Strecke gegangen war, blickte er in Richtung des kleinen Hügels. Die Hitze machte die Luft dunstig; sie schien zu erzittern, und durch den Dunst waren die Menschen auf dem Hügel kaum zu erkennen. Er schaute zur Sonne: Sie hatte sich dem Horizont beinahe zur Hälfte angenähert, und immer noch war er 18 Kilometer vom Ziel entfernt. Geradewegs auf den Hügel zu schlug Pahom den Weg ein, doch das Gehen fiel ihm nun schwer. Er war von der Hitze erschöpft, seine nackten Füße wiesen Schnittwunden auf und waren voller Quetschungen; seine Beine drohten zu versagen. Er sehnte sich danach, auszuruhen - doch das war unmöglich, wenn er vor Sonnenuntergang zurück sein wollte. Die Sonne wartet nicht auf den Menschen, und sie sank tiefer und tiefer. Pahom ging immer weiter; es war hart für ihn, doch er beschleunigte seine Schritte. Er zwang sich dazu, doch war er immer noch weit vom Zielort entfernt. Nun fing er an zu laufen: „Was soll ich tun?", dachte er. „Ich habe zuviel gewollt und die ganze Sache verpfuscht. Ich kann es nicht schaffen, bevor die Sonne untergeht." Diese Furcht machte ihn nur noch atemloser. Er hörte nicht auf, zu laufen; Hemd und Hose waren durchnässt und klebten an ihm; sein Mund war ausgedörrt. Pahoms Brustkasten bewegte sich wie der Blasebalg eines Hufschmieds, sein Herz schlug wie ein Hammer und seine Beine liefen wie selbstständig, so als ob sie ihm nicht gehörten. Entsetzen ergriff ihn, aus Furcht davor, an der Anspannung zu sterben.

Obwohl er sich in Todesangst befand, konnte er dennoch nicht aufhören zu laufen. „Nachdem ich den ganzen Weg gelaufen bin, werden sie mich einen Narren nennen, wenn ich nun aufgebe." So rannte er also weiter und hörte, wie die Baschkiren schrien und ihn zuriefen. Ihre Schreie entflammten sein Herz noch mehr. Er bot seine letzten Kräfte auf und lief weiter. Die Sonne stand nahe am Horizont und war im Begriff, unterzugehen. Sie stand ziemlich niedrig, aber er war auch nahe an seinem Ziel. Schon konnte Pahom sehen, wie die Leute auf dem kleinen Hügel die Arme schwenkten und ihn anfeuerten. Mit letzter Kraft eilte er weiter und beugte seinen Körper vor, so dass seine Beine kaum schnell genug folgen konnten, um ihn am Fallen zu hindern. Gerade als er den Hügel erreichte, wurde es plötzlich dunkel. Er blickte empor - die Sonne war untergegangen! Er schrie auf: "Alle meine Mühen sind umsonst gewesen!" Er war im Begriff, anzuhalten, als er die Baschkiren immer noch laut rufen hörte, und es wurde ihm bewusst, dass unten, von seinem Blickfeld aus, die Sonne zwar anscheinend untergegangen war, die Leute

142

auf dem Hügel sie jedoch noch sehen konnten. Er nahm einen langen Atemzug und rannte den Hügel hinauf. Immer noch war es dort hell. Er erreichte den Gipfel. Dort saß der Anführer und schüttelte sich vor Lachen. Pahom stieß einen Schrei aus; seine Beine versagten ihren Dienst, und er fiel vorneüber zu Boden. Pahom war tot!

Sein Diener holte den Spaten heraus und hob ein Grab aus, lang genug, dass sein Herr darin liegen konnte. Dann begrub er ihn. Ein Meter und achtzig von Kopf bis zu den Füßen reichten aus für Pahom!

KAPITEL SECHZEHN

Gott ist der Handelnde

Nur die Gnade Gottes vermag die Vasanas zu beseitigen

Während einer der Schlachten zwischen den *devas* (Himmelswesen) und den *asuras* (Dämonen) trugen die ersteren über die letzteren den Sieg davon. Zu jeder Zeit und auf allen Ebenen des Bewusstseins finden solche Schlachten zwischen den positiven und negativen Kräften der Tugend und des Lasters statt. Manchmal gewinnen die positiven Kräfte, während ein anderes Mal die negativen die Oberhand behalten. In jenem besonderen Falle waren die *devas* anschließend von Stolz erfüllt und dachten, sie hätten den Sieg aufgrund ihrer eigenen Stärke errungen: Sie vergaßen dabei die unsichtbare Macht hinter allen Handlungen, welche als das „Leben des Lebens", *ishvara* (Herr) oder *divya shakti* (göttliche Kraft) genannt wird.

Um diese Eitelkeit zu beseitigen, welche ein Stolperstein auf dem geistigen Pfad ist, erschien das barmherzige *Parabrahman*, das allwissende reine Bewusstsein vor ihnen in der Form eines geheimnisvollen Geistes, eines *yaksha*, einer übermenschlichen, unglaublich machtvollen und gigantischen Gestalt, die sie noch nie zuvor gesehen hatten. Sie waren verblüfft von der Erscheinung dieses zuhöchst wunderbaren Wesens.

Agni, der Gott des Feuers, wurde beauftragt, herauszufinden, was es mit diesem Wesen genau auf sich hatte. Bevor der Feuergott noch in der Lage war, seine Erkundigung einzuholen, hatte er selbst jedoch diesem *yaksha* Rede und Antwort zu stehen. Befragt, wer er sei und über welche Macht er verfüge, antwortete der Feuergott voller Eitelkeit, er sei der berühmte *Agni*, der vornehmste unter den *devas*, fähig, die ganze Welt zu verbrennen. Damit ergab sich die Gelegenheit, seine Kraft einer Prüfung zu unterziehen. Also legte jenes Wesen einen Halm trockenen Strohs vor *Agnis* Füße und bat ihn, es in Brand zu setzen. Doch war er dazu nicht fähig, denn die Höchste Kraft im Hintergrund aller Aktivitäten, *brahma-shakti*, welche hier in der Gestalt eines *yaksha* erschien, hatte ihn der Macht, etwas in Flammen zu setzen, beraubt. *Agni* war nicht einmal in der Lage, das kleine Stück Stroh zu berühren oder zu bewegen. Mit hängendem Kopf, voller Scham und Enttäuschung, kehrte *Agni* zu den anderen Göttern zurück.

Danach kam die Reihe an *Vayu*, den Windgott. Nun war er es, der über die wirkliche Natur des *yaksha* Erkundigungen einholen sollte. Als ihm dieselbe Frage wie zuvor *Agni* gestellt wurde, ereilte ihn das nämliche Schicksal. „Ich kann alles auf Erden wegblasen!", antwortete er stolz. Der *yaksha* legte einen Grashalm auf den Boden und bat *Vayu*, ihn fortzuwehen. *Vayu* versuchte es, doch das Gras bewegte sich überhaupt nicht. Mit aller Kraft, versuchte er es erneut, doch der Halm rührte sich nicht im geringsten. Sein Ego war zerschmettert. Peinlich berührt und niedergeschlagen erinnerte er sich nicht einmal an die Frage, die er dem *yaksha* über dessen Identität hatte stellen wollen und kehrte gedemütigt zurück. Als nächster begab sich *Indra*, der König der Götter und Kaiser der drei Welten, höchstselbst zu dem *yaksha*. Er dachte bei sich, was die anderen beiden *devas* nicht vermocht hatten, wäre ihm vielleicht möglich, da er als ihr König sicherlich machtvoller sei als die anderen Götter unter ihm.

Indra ging also los, doch als er dort ankam, war der *yaksha* verschwunden. An seiner Stelle erblickte er eine wunderschöne Frau. Es war die Göttin *Uma*.

Von *Indra* über den *yaksha* befragt, antwortete sie: „Der *yaksha* war das Göttliche Wesen selbst. Aufgrund seiner Macht wart ihr siegreich gegen die Dämonen."

Als er dies hörte, wurde *Indra* klar, dass die Götter unwissentlich der Dünkelhaftigkeit zum Opfer gefallen waren und dass die Kraft hinter jedem Geschehnis das unsichtbare höchste Wesen ist, das alles vollbringt. Voller Demut ging er fort, und *Uma* verschwand. Anschließend setzte er die anderen Götter über das, was er erfahren hatte, in Kenntnis. Da er der erste Gott war, der das Wissen über die Allmacht des höchsten Geistes erlangt hatte, wurde seine Ausnahmestellung als der größte *deva* auf diese Weise bestätigt.

Eine der Lehren aus dieser Geschichte ist, dass negative *vasanas* nur durch die Gnade Gottes überwunden werden können. Ohne seine Stärke und seinen Willen kann sich nicht einmal ein Grashalm bewegen. Demut ist eine Grundvoraussetzung für das Verstehen spiritueller Prinzipien. Wir sollten uns immerzu daran erinnern, dass er es ist, der das Drama in Szene setzt und sich noch um den geringsten von uns kümmert. Demut erwächst aus der Wahrnehmung seiner Gegenwart in unserem Geist. Um diese zu ermöglichen, reicht eine bloß hingebungsvolle Einstellung nicht aus. Es muss zu einer unmittelbaren Erfahrung werden, die aus *sadhana* und Überantwortung erwächst. In den Worten Christi, jener von Entsagung und Glauben erfüllten Seele:

> „Denkt an die Lilien auf dem Feld, wie sie wachsen;
> weder mühen sie sich ab, noch spinnen sie; und dennoch
> sage ich euch: Selbst Salomon in all seiner Herrlichkeit
> war nicht gekleidet wie eine einzige von ihnen. Wenn

aber Gott das Gras auf dem Feld, was heute lebt und morgen in die Feuergrube geworfen wird, so wundervoll kleidet, wird er dann euch nicht viel prachtvoller ausstatten, oh, ihr Kleingläubigen? Daher seid nicht ängstlich und sagt, ‚Was sollen wir essen?‘, oder ‚Was sollen wir trinken, was sollen wir anziehen?‘ Sucht zuerst sein Königreich und seine Rechtschaffenheit, dann werden euch auch diese Dinge zufallen.“

Hinter allem, was in dieser Welt geschieht, sei es klein oder groß, bedeutend oder unbedeutend, ist es allein Seine Macht und Sein Wille, die alles bewirken. Er allein ist der Grund für den Triumph des Siegers und für die Niederlage des Verlierers. Er vollbringt Wunder - tatsächlich wird sich jede Begebenheit unseres Lebens, wenn wir sie nur tief genug ergründen, als ein Wunder erweisen. Er ist überall und kann dennoch nicht so wie ein Gegenstand oder ein Mensch erblickt werden. Also sollten wir über Ihn meditieren als den Urgrund von allem, was sich ereignet, sei es in dieser Welt oder irgendeiner anderen.

“Überantwortung stellt sich ein, wenn wir uns über unsere eigene Hilflosigkeit klar werden. Es ist die Einsicht, dass alles, was wir als unser Eigentum betrachten - Verstand, Schönheit, Anmut, Gesundheit und Wohlstand - angesichts der großen und nahe bevorstehenden Gefahr des Todes zunichte wird. Der Tod wird alles hinwegraffen. Diese Einsicht weckt euch auf. Ihr werdet wachsam und erkennt, dass ihr Dinge beansprucht, die euch nicht wirklich gehören. Daher solltet ihr euch überantworten. Ihr könnt des Lebens zahlreiche Freuden genießen, doch solltet ihr es in dem Bewusstsein tun, dass sie jederzeit fortgenommen werden können.

Wenn euer Leben von dieser Art Gewahrsein durchdrungen ist, wird Überantwortung die natürliche Folge sein. Solange ihr noch nicht eingesehen habt, dass ihr hilflos seid, dass euer Ego euch nicht retten kann und dass alles, was ihr erlangt habt, nichts bedeutet, werden Gott oder der *guru* die erforderlichen Situationen herbeiführen, die euch diese Wahrheit erkennen lassen. Wenn das geschieht, werdet ihr euch überantworten. Es wird dies der Zeitpunkt sein, wo ihr euch aller Furcht entledigt und Gott auf eurem Ego tanzen lasst, während ihr zu Seinen Füßen liegt. Dies wird der Augenblick sein, wo ihr zu einem wahren Devotee werdet. Es ist auch die wirkliche Bedeutung des Sich-Niederwerfens.

Die letzte Bestimmung für alle Seelen ist das Verschwinden jeglicher Hindernisse, die dem Frieden und der Gelassenheit im Wege stehen. Wenn dieser Augenblick kommt, wird das Ego wegfallen, und ihr werdet euch nicht mehr abmühen. Ihr werdet weder protestieren, noch werdet ihr auch nur erwägen, ob ihr loslassen sollt oder nicht. Ihr werdet euch einfach niederbeugen und überantworten. Tief innen wartet jede Seele auf diesen großen Augenblick des Loslassens. Ein wirkliches Gebet wird niemals irgendwelche Ratschläge, Anweisungen oder Forderungen enthalten. Der aufrichtige Devotee wird einfach sagen: ‚Ich weiß nicht, was gut oder schlecht für mich ist. Ich bin nichts und niemand. Du weißt alles. Ich weiß, was immer Du tust, wird zum Besten gereichen; daher tue, was Dir beliebt.‘ In einem wirklichen Gebet beugt ihr euch nieder, überantwortet euch und gesteht Gott eure Hilflosigkeit.“

– Amma

Der Unterschied zwischen einem spirituell ausgerichteten Menschen und jemand anderem, der es nicht ist, besteht in ihrer Haltung zum Leben, nicht in ihren Erfahrungen. Jeder erhält seinen Anteil an Schmerz und Vergnügungen. Zwei Menschen mögen ähnliche Erfahrungen machen, doch reagieren sie darauf möglicherweise höchst unterschiedlich. Der eine profitiert von ihnen und wird durch sie weiser - der andere jedoch nicht. Ein Devotee sieht die Hand Gottes im Spiel bei allem, was vor sich geht. Doch nur ein *mahatma* kann Seine Absichten und Seinen Willen tatsächlich verstehen.

Sei du selbst

Einst lebte in Japan ein armer Steinmetz namens Hofus. Jeden Tag ging er zu einem Berghang, um dort große Steinblöcke zu behauen. Er lebte in einer kleinen Steinhütte unweit des Berges, arbeitete hart und war glücklich. Eines Tages brachte er eine große Ladung Steine zum Haus eines reichen Mannes. Dort sah er eine Vielzahl wundervoller Gegenstände. Als er zu seinem Berg zurückkehrte, konnte er an nichts anderes mehr denken. Er wünschte sich, auch er würde in einem Bett schlafen, so weich wie Flaum, mit Vorhängen aus Seide und Quasten aus Gold. Dann seufzte er:

„Ach nein, ach nein -könnt' Hofus doch so reich wie er sein!"

Zu seiner Überraschung antwortete die Stimme des Berggeistes: „Hier ist dein Wunsch!" Als er an diesem Abend nach Hause zurückkehrte, war seine kleine Hütte fort, und an ihrer Stelle befand sich ein großer Palast. Er war angefüllt mit wunderbaren Dingen, doch das beste von allem war ein Bett aus Dauen mit Vorhängen aus Seide und Troddeln aus Gold. Hofus entschloss sich, nicht länger zu arbeiten, doch war er Untätigkeit nicht gewohnt, und so schritt die Zeit nur langsam vorwärts. Endlos lang erschienen die Tage. Eines Tage saß er am Fenster und sah, wie draußen eine Kutsche vorbeirauschte. Sie wurde von zwei schneeweißen Pferden gezogen, und in ihrem Innern saß ein Prinz, während sich vorne und hinten Diener in blauen und weißen Anzügen befanden. Einer von ihnen hielt einen goldenen Schirm über den Prinzen. Als der Steinmetz dies sah, fühlte er sich unglücklich und seufzte:

„Ach nein, ach nein - ein Prinz, das würde Hofus gern sein!"

Wieder meldete sich dieselbe Stimme, die er schon vom Berg her kannte: „Mögest du ein Prinz sein!"

Im Nu wurde Hofus zu einem Prinzen; er besaß Diener, die karmesinrot und golden gekleidet waren; er fuhr in einer Kutsche mit einem goldenen Schirm über seinem Haupt. Für kurze Zeit war er glücklich, doch eines Tages, als er im Garten spazieren ging, sah er, dass die Blumen ihre Köpfe hängen ließen, dass das Gras eine braune Farbe angenommen hatte und verdorrte. Wenn er ausfuhr, brannte ihn die heiße Sonne trotz seines Schirms. „Die Sonne ist mächtiger als ich", dachte er bei sich und seufzte dann:

„Ach nein, ach nein, könnt' Hofus doch die Sonne sein!"

Die Stimme antwortete: „So seiest du denn die Sonne!" Sofort wurde er zur großen, mächtigen Sonne. Er verbrannte das Gras und die Reisfelder; er trocknete die Flüsse aus; reich und arm litten gleichermaßen unter seiner schrecklichen Hitze. Eines Tages zog eine Wolke heran, hielt direkt vor ihm an und versperrte ihm die Sicht auf die Erde. Er wurde ärgerlich und schrie:

„Ach nein, ach nein - könnt' Hofus doch eine Wolke sein!"

Und die Stimme sagte: „So sei eine Wolke!"

Augenblicklich wurde er zu einer Wolke. Er schwebte vor dem Anblick der Sonne und verbarg die Erde vor ihr. Dann, nach ein paar Tagen, ging die Wolke als Regen nieder.

Die Flüsse waren übervoll und die Reisfelder ganz mit Wasser bedeckt. Ganze Städte wurden fortgespült. Nur die mächtigen

Felsblöcke am Berghang hielten fest und unbeweglich den Fluten stand. Die Wolke blickte voller Erstaunen auf sie herab, und dann seufzte sie:

„Ach nein, ach nein - könnt Hofus doch ein Felsen sein!"

Wieder erfüllte die Stimme seinen Wunsch: „So seiest du ein Felsen!"

Umgehend wurde er zu einem Felsen. Voller Stolz stand er einfach nur da. Die Sonne konnte ihn nicht verbrennen, und der Regen konnte ihn nicht von seinem Platz fortbewegen. „Nun gibt es endlich niemanden mehr, der mächtiger ist als ich", sprach er zu sich selbst. Doch eines Tages wurde er durch einen Lärm aus seinen Träumen gerissen: Tap, tap, tap, hämmerte es direkt zu seinen Füßen. Er blickte nach unten und sah einen Steinmetz, der mit seiner Hacke den Felsblock bearbeitete. Nach einem weiteren Schlag begann der riesige Felsen zu erzittern - ein Steinbrocken spaltete sich ab. „Dieser Mann ist mächtiger als ich!", rief Hofus, und er seufzte:

„Ach nein, ach nein - könnt' Hofus dieser Mann doch sein!"

Und die Stimme antwortete: „So sei denn du selbst!"

Sofort war Hofus wieder er selbst, ein armer Steinmetz, der den ganzen Tag am Berghang arbeitete und abends in seine Hütte zurückkehrte. Nun jedoch war er zufrieden und glücklich; niemals mehr wünschte er sich, jemand anderer zu sein als Hofus, der Steinmetz.

Ein Mann legte sich nieder in sein Bett und träumte, er würde das ganze Universum durchreisen. Schließlich wachte er auf und stellte fest, dass er sich in seinem eigenen Bett befand. Von dieser Art ist der Traum der *maya*, in welchem wir alle versunken sind!

KAPITEL SIEBZEHN

Wacht auf! Wacht auf!

"Läutert euren Geist, Kinder, und dann begreift das Wesen des *dharma*. Wenn ihr immer weiter dem üblen Wünsch nach den allerneuesten Dinge nachgebt, wird das nur zur Enttäuschung führen."

— Amma

Devotee: „Wieso machen die Menschen Fehler?
Amma: „Wir unterliegen der Illusion, von der Welt Glück empfangen zu können. Das führt dazu, dass wir wie verrückt von hier nach da laufen, um es zu bekommen. Unerfüllte Wünsche zu haben, mündet in Ärger und Frustration. Ohne zwischen dem Notwendigen und dem Überflüssigen zu unterscheiden, tun wir einfach alles, was uns gefällt. Kann man wirklich sagen, dass darin das Leben besteht? Wessen Fehler ist es?"

Devotee: „Man sagt, ohne Gottes Gegenwart und ohne seinen Willen könne sich nicht einmal ein Grashalm im Wind niederbeugen. Können dann Menschen für Fehler verantwortlich gemacht werden, wenn doch Gott es ist, der sie zu allen Handlungen veranlasst?"

Amma: „Für einen Menschen, der die Überzeugung besitzt, ,Nicht ich, sondern Gott ist der eigentlich Handelnde', besteht keinerlei Möglichkeit, irgendwelche Fehler zu machen. Er betrachtet alle Dinge als von Gott durchdrungen. Für einen solchen

Devotee ist selbst der Gedanke, Fehler zu begehen, unmöglich. Mit anderen Worten, nur jemand, der alle Fehler transzendiert hat, besitzt den Glauben, ‚Gott allein ist der Handelnde, selbst ein Grashalm vermag sich ohne ihn nicht zu bewegen.' Für jemanden mit der Überzeugung, dass Gott allein der Handelnde sei, gibt es weder Irrtum noch Sünde, während jemand, der die Einstellung besitzt, ‚ich bin der Handelnde', die Auswirkungen seiner Fehler zu akzeptieren hat. Wenn jemand einen Mord begangen hat, ist es nicht statthaft zu behaupten, Gott sei der Täter gewesen. Jemand, der von dem Gedanken durchdrungen ist, Gott sei der Handelnde, wird doch niemals einen Mord begehen, nicht wahr?"

Der Brahmane, der eine Kuh tötete

Es war einmal ein alter Brahmane, der einen wunderschönen Garten besaß. Er liebte ihn von ganzem Herzen und verbrachte viel Zeit damit, sich um ihn zu kümmern. Eines Tages, als er hinausging und nachschaute, in welchem Zustand sich seine Mangobaum-Setzlinge befanden, stellte er zu seinem Entsetzen fest, dass eine streunende Kuh in seinen Garten eingedrungen war und die Setzlinge fraß, die er mit soviel Sorgfalt angepflanzt hatte. In einem Ausbruch von Zorn begann er, die Kuh mit einem Stock zu schlagen. Die alte magere Kuh war nicht mehr rüstig genug, die Schläge zu ertragen und fiel auf der Stelle tot um. „Oh Gott, was habe ich getan! Ich habe eine Kuh getötet", jammerte der Brahmane. Bald hatten sich die Neuigkeiten unter den Dorfbewohnern verbreitet, und sie begaben sich zum Haus des Brahmanen. „Du hast das schlimmste aller Verbrechen begangen, als du die Kuh getötet hast", schimpfte einer von ihnen. „Du hast deinen Garten über das Leben der Kuh gestellt." Ein anderer Dorfbewohner fügte hinzu: „Die Kuh gibt uns Milch. Sie ist unsere Mutter, und du hast sie getötet!" „Was für eine Hand nennst du dein eigen, die dazu fähig ist, eine Kuh umzubringen?", fragte der Dorfvorsteher. „Für diese Gräueltat wirst du bezahlen. Wir gehen jetzt, aber wir kommen sicherlich wieder."

Der Brahmane dachte bei sich: „Sie werden mich aus dem Dorf werfen. Was soll ich nur tun?" Plötzlich hatte er eine Idee: „*Indra* ist der Gott der Hände, er ist verantwortlich für sie. Demnach ist es *Indra* und nicht ich, welcher des Mordes an der Kuh beschuldigt werden muss. Ja, genau das werde ich den Dorfbewohnern sagen!"

Als die Dorfbewohner zurückkehrten, wussten sie nicht recht, was sie mit diesem Einwand des Brahmanen anfangen sollten. Es war nicht von der Hand zu weisen, dass *Indra* die Gottheit war, welche die Oberherrschaft über die Hände besaß. Bedeutete dies, dass er für die Tötung der Kuh verantwortlich war? Die Frage wurde weitläufig debattiert. Schließlich kam das Argument des Brahmanen *Indra* zu Ohren. Die logische Schlussfolgerung des Brahmanen beunruhigte ihn, und so entschloss er sich, ihm einen Besuch abzustatten. Nachdem er die Gestalt eines alten Mannes angenommen hatte, erschien er ganz unerwartet im Garten des Brahmanen. „Mein Herr, ich bin fremd in diesem Ort", sprach er den Brahmanen an. „Ich ging gerade hier vorbei und bemerkte Ihren wunderbaren Garten. Haben Sie ihn selber angelegt?" „Und ob, mit meinen eigenen Händen!", sagte der Brahmane geschmeichelt. „Ich habe mich um den Garten gekümmert, als wäre er mein eigenes Kind." - „Das sehe ich!", antwortete *Indra*. „Und was ist mit diesem wundervollen Weg? Haben sie ihn auch angelegt?"

„Sicherlich! Und wie viel Planung war dafür erforderlich!", antwortete der Brahmane voller Stolz. „Und was ist mit diesem herrlichen Baum? Haben Sie ihn auch selbst gepflanzt?", fragte *Indra*. „Natürlich", erklärte der Brahmane, „vom Pflügen bis

155

zum Abernten der Früchte ist alles von mir!" „Oh, und was ist mit dem Springbrunnen?"

„Alles, was Sie hier sehen, habe ich mit meinen eigenen Händen ins Werk gesetzt", prahlte der Brahmane.

Nachdem der Brahmane dies gesagt hatte, offenbarte *Indra* ihm seine wahre Identität und sprach: „Oh, Brahmane, wenn du es dir als Verdienst anrechnest, all dies mit deinen eigenen Händen ins Werk gesetzt zu haben, solltest du dann nicht auch für das Töten der Kuh die Schuld auf dich nehmen? Warum machst du dann mich dafür verantwortlich, du Halunke?"

Von einem Standpunkt aus betrachtet ist alles Gottes Wille, von einem anderen Standpunkt aus haben wir bestimmte Pflichten. Eine Firma mag entsprechend grundlegender Prinzipien geleitet werden, die vom Eigentümer oder vom Management festgelegt wurden; gleichwohl haben auch die einzelnen Angestellten ihre besonderen Pflichten. Der Firmenleiter kann für den Schaden oder die Fehler der Angestellten nicht verantwortlich gemacht werden, da er die Regeln bereits festgelegt hat. Gott schafft das Universum mit seinen Gesetzen von *dharma* und *adharma*, und wir ernten die Früchte entsprechend unserem Handeln. Er ist der *karma-phala-data*, der jedem die Früchte seines eigenen Handelns zuweist. In diesem Sinne ist alles Sein Wille, doch das entbindet uns nicht von Verantwortung.

> „Wenn wir die Vollbringer unserer Taten sind, sollten wir auch die Früchte ernten, welche sie hervorbringen. Wenn wir jedoch die Frage stellen: ‚Wer bin ich, der Vollbringer dieser Tat?', und wenn wir das Selbst erkennen, verlieren wir jeglichen Begriff von Täterschaft, und die drei Arten von *karma* schwinden dahin. Dies ist die Befreiung, und sie ist ewig."
>
> – Ramana Maharshi, Die Wirklichkeit in vierzig Versen, v.38

Haben wir durch spirituelle Praxis erste einmal geistige Reinheit erlangt, wird deutlicher, worin rechtes Handeln besteht. Wir machen vielleicht immer noch Fehler, denn niemand ist vollkommen, doch wird es uns gelingen, den dharmischen Charakter unserer Gedanken, Worte und Taten klarer zu erkennen. Im Allgemeinen können wir unseren eigenen Gefühlen nicht trauen und sollten eher den Schriften, der Tradition oder den Anweisungen älterer Menschen folgen. Dies ist die gemeinhin anerkannte Methode, um zu lernen, was *dharma* ist. Wenn wir dies längere Zeit praktizieren, wird Reinheit aufdämmern und unsere Handlungen werden auf spontanere Weise im Einklang mit dem *dharma* stehen.

Der Wahnsinn des Konsumismus

Mehr als je zuvor in der Vergangenheit ist Konsumismus heutzutage zu einem allbeherrschenden Phänomen geworden, selbst in so genannten abgelegenen Regionen. Weit jenseits der alltäglichen Notwendigkeiten sind die Menschen wie verrückt auf materiellen Besitz geworden. Unglücklicherweise hört es damit aber nicht auf. Nachrüstungen von Geräten und Produktverbesserungen reihen sich unaufhörlich aneinander. Ich hörte von jemandem, der jeden neuen Computer kauft, der auf den Markt kommt. Ich frage mich, was er mit all den „älteren" Geräten macht. Mir scheint, die Menschheit ist wie hypnotisiert von dem Gedanken, in „Fulfillment-Center" zu gehen, um dort tatsächlich Erfüllung zu erlangen. Das wird natürlich niemals geschehen. Wie sollte materieller Besitz einen jemals zufriedenstellen können? Wenn wir immer weiter fortfahren, Dingen hinterherzulaufen, ohne zwischen dem wirklich Notwendigen und dem Überflüssigen zu unterscheiden, werden wir am Ende sehr enttäuscht sein. Amma warnt uns, dass der Wunsch nach neuen und immer neuen

Gegenständen zu Frustrationen führt und keine Gewohnheit ist, der man freien Lauf lassen sollte, weder bei sich selbst, noch bei anderen.

Überall, in der Arbeitswelt wie im Unterhaltungssektor, werden ständig neue Dinge eingeführt. In jedem Bereich des Lebens werden wir verzaubert vom Neuen und Allerneuesten. Wohin führt das alles? Am Ende hoffentlich zu Gott, dem Unendlich-Neuen. Dies wird jedoch nicht durch ein Gefühl von Erfüllung, sondern von Ernüchterung und Enttäuschung geschehen. Erst dann werden wir in unserem Innern nach der Freude suchen, die dem *atman* innewohnt.

Das Verstecken des Nektars

Einst, nachdem sie durch das Quirlen des kosmischen Ozeans den Nektar der Unsterblichkeit gewonnen hatten, fassten die *devas* den Entschluss, ihn zu verbergen, so dass kein menschliches Wesen ihn je finden könnte. Sie dachten ausgiebig nach, denn sie wollten ihn an einem Ort verstecken, wo er auf keinen Fall aufgestöbert werden konnte. Einige schlugen *Indra*, dem König der Götter, vor, ihn auf dem höchsten Gipfel des *Himalaya* zu verstecken, doch lehnte er dies ab, da viele Menschen eines Tages dort hinaufklettern würden. Ein anderer sagte: „Lasst ihn uns an der tiefsten Stelle des Ozeans verstecken. Kein Mensch wird je in der Lage sein, ihn von dort heraufzuholen." „Nein", sagte *Indra*, „eines Tages werden Menschen auch fähig sein, mit einem Fahrzeug in die Tiefen des Ozeans einzudringen." Ein anderer Gott regte an, ihn auf dem Mond zu verstecken und sagte: „Dorthin werden die Menschen nie und nimmer gelangen." Doch *Indra* stimmte auch dem nicht zu. Da er in die Zukunft schauen konnte, sagte er: „Nein, eines Tages werden die Menschen zum Mond reisen und den Nektar dort mit Sicherheit finden." Da sie zu keinem

Entschluss kommen konnten, gingen die *devas* zu *Brahma*, dem Schöpfer. Nachdem sie ihn begrüßt hatten, unterbreiteten sie ihm das Problem und fragten ihn um Rat. *Brahma* dachte eine Weile nach und sagte schließlich: „Mir ist ein Ort in den Sinn gekommen, wo Menschen niemals nachschauen werden. Ihr solltet den Nektar im menschlichen Herzen verbergen, denn niemand wird jemals dort nach ihm Ausschau halten."

Brahma hatte wirklich recht. Der Nektar ist den Menschen so nahe, und gleichzeitig ist er ihnen so fern, dass niemand jemals darauf kommt, ihn im eigenen Inneren zu suchen. Dies soll nicht heißen, dass das weltliche Leben keinerlei Wert besitzt, doch obwohl man Leben auf Leben damit verbringt, nach weltlichen Zielen zu streben, stellen sich weder Frieden noch Erfüllung ein. Wieso hören die Menschen nicht auf, daran zu glauben, dass weltliches Leben ihnen Erfüllung bringt? Hat irgendjemand sie je auf diese Art erlangt? Wenn es jedoch auch vieler Wiederverkörperungen bedarf, nach den Freuden des sinnlichen Lebens zu suchen und sie zu genießen - am Ende wird sich jede Seele von ihnen abwenden und die große Reise des Erwachens aus diesem langen Traum antreten. Es ist unvermeidlich.

> „Entsagung ist wirkliche Kraft. Begreift, was mit Entsagung gemeint ist, denn nur hierin liegt die vollkommene Ruhe."
>
> – Amma

Es ist sehr ungewöhnlich, einen Menschen zu finden, der sich über diese Tatsache wirklich klar geworden ist und sein ganzes Leben damit verbringt, die Wahrheit des Selbst zu erfahren. Amma würde sagen, dass solch ein Mensch in seinen vorherigen Inkarnationen viele verdienstvolle Handlungen oder *punyam* vollbracht hat und sich daher im gegenwärtigen Leben sehr stark zu Gott hingezogen fühlt. Nichts anderes besitzt für eine solche Person mehr Sinn, Bedeutung oder Attraktivität. Sie ist im Begriff, aus dem tiefen, tiefen Schlaf der *maya* des Herrn zu erwachen; in ihr entbrennt der Wunsch, dem Meer des *samsara* zu entrinnen.

Die Größe von selbstverwirklichten Weisen ist in vielen Büchern beschrieben worden. Sie erinnern uns an die extrem seltene Gelegenheit, die sich uns durch den Kontakt zu Amma eröffnet. Indem man die Worte jener Schriften wieder und wieder liest, werden wir auf die Wirklichkeit aufmerksam gemacht, die jenseits von Ammas äußerer Gestalt liegt.

> „Die Gesellschaft der Weisen führt zu Nicht-Anhaftung; Nicht-Anhaftung führt zu Abwesenheit von Verblendung; Abwesenheit von Verblendung führt zu Unerschütterlichkeit im Wesen; Unerschütterlichkeit im Wesen führt zu Befreiung bei Lebzeiten. Sucht daher den Kontakt mit Weisen."
>
> – Sankaracharya, Bhajagovindam

> „Nicht indem man Predigern zuhört, noch durch das Studium der Schriften, das Vollbringen verdienstvoller Handlungen oder irgendeine andere Methode erlangt man den höchsten Zustand; dieser wird nur erreicht durch den Kontakt mit den Weisen und die Suche nach dem Selbst."
>
> – Yoga Vasishtha

> „Wenn man gelernt hat, den Kontakt mit Weisen zu lieben, wieso braucht man dann noch all diese Regeln und Gebote? Wenn eine liebliche, kühle südliche Brise weht, wer benötigt dann noch einen Fächer?
>
> – Yoga Vasishta

Heilige Flüsse, die nichts sind als Wasser und Stand-
bilder, welche aus Stein und Lehm bestehen, sind nicht
so machtvoll wie die Weisen. Denn während erstere
zahllose Tage benötigen, um einen Menschen zu läutern,
vermögen die Augen eines Weisen dies sofort durch den
bloßen Anblick zu tun."

– Srimad Bhagavatam

Amma ist in diese Welt gekommen, weil in unserer Zeit die
dringende Notwendigkeit für solch einen göttlichen aufopfe-
rungsvollen Menschen besteht, der allen mit bedingungsloser
Liebe begegnet. Um es mit den Worten des berühmten Schau-
spielers Charlie Chaplin zu sagen, der nebenbei auch ein großer
Humanist war:

"Wir entdeckten die Geschwindigkeit, aber wir haben
uns selbst darin eingesperrt. Die Maschinerie, die uns
Überfluss bringt, hat uns gleichwohl in Not zurückgelassen. Flugzeug und Radio haben uns einander näher
gebracht. Die eigentliche Natur dieser Erfindungen
schreit nach der Güte im Menschen, schreit nach
universeller Brüderlichkeit, nach Einigkeit zwischen
uns allen. Doch unsere Kenntnisse haben uns zynisch
werden lassen, unsere Klugheit hat uns hartherzig und
unfreundlich gemacht. Wir denken zuviel und empfinden zuwenig. Mehr als die Maschinerie brauchen
wir Menschlichkeit, mehr als Klugheit benötigen wir
Freundlichkeit und Sanftmut. Ohne diese Eigenschaften wird die Gewalt im Leben zunehmen und alles wird
verloren sein."

KAPITEL ACHTZEHN

Überantwortung und Loslösung

Viele von uns kennen die Geschichte jener Frau, die zu Buddha kam und ihn darum bat, ihr totes Kind wieder zum Leben zu erwecken. Er sagte ihr, er sei dazu bereit, ein Wunder zu vollbringen, falls sie ihm ein Senfkorn aus irgendeinem Haus brächte, in welchem kein Familienmitglied jemals gestorben wäre. Sie ging durch das ganze Dorf, konnte jedoch nicht ein einziges Senfkorn bekommen. Nun wurde ihr die Natur des Lebens klar: Alles ist vergänglich, und am Ende stehen Trennung und Tod.

Nur die Seele existiert nach dem Tode. Obwohl wir solche Wahrheiten wieder und wieder hören, ignorieren wir sie beinahe sofort, nachdem wir sie vernommen haben. Im *Mahabharata* wird erzählt, dass dem großen König *Yudhisthira* von einem *yaksha* eine Reihe von Fragen gestellt wurde, um seine Weisheit zu prüfen. Der *yaksha* fragte: „Was ist das größte von allen Wundern?" Der weise König antwortete: „Tag für Tag pflegen Menschen zu sterben, und doch trachten die Lebenden danach, ewig auf Erden zu bleiben. Welches Wunder könnte größer sein, oh Herr?"

Was für eine seltsame Macht diese *maya* doch ist! Geburt auf Geburt hält sie uns gefangen in einem Zustand fortwährenden Vergessens. Unter ihrem Einfluss sinken wir tiefer und tiefer hinab in den Ozean der kosmischen Täuschung und sind nicht fähig, wie wenig auch immer, spirituelle Wahrheiten zu begreifen - schlimmer noch, wir empfinden nicht einmal den Drang, aus dieser langen Nacht des Tiefschlafs zum Tageslicht des göttlichen Bewusstseins zu erwachen.

Amma zeigt uns den Weg, uns aus dem Netz der Anhaftung befreien, um jenen Zustand zu erreichen. Einmal sagte sie mir, die meisten Leute seien unfähig zu begreifen, dass ein jeder sich selbst am meisten liebt; letzten Endes sind wir alle selbstsüchtig.

Im Namen der Liebe unterliegen wir dem Irrtum, zu glauben, wir wären anderen Menschen lieb und teuer und empfänden selbst das gleiche für sie. Erst wenn wir die Selbstsucht anderer Personen erfahren, wird uns diese Täuschung auf schockartige Weise bewusst.

Amma entmutigt jedoch nicht unsere Liebe. Sie hält uns vielmehr an, ohne Anhaftung, Erwartung und Abhängigkeit zu lieben, so wie sie selbst es tut.

Amma:

"Anhaftung im Namen der Liebe wird uns stets herunterziehen"

Devotee:

„Was meint Amma damit? Willst du damit sagen, dass die Liebe zu meiner Frau und meinen Kindern keine wahre Liebe ist? Anhänglichkeit ist doch ein Aspekt von Liebe, nicht wahr?

Amma:

"Mein Sohn, nur ein Mensch, der völlig anhaftungslos ist, kann andere ohne jegliche Erwartungshaltung lieben. Anhaftung ist kein Aspekt der Liebe. Bei wirklicher Liebe werden nicht nur die Körper sondern auch die Seelen in Sympathie vereint sein. Immer wird die Erkenntnis vorhanden sein, dass die Natur des Körpers vergänglich, die der Seele jedoch ewig ist. Anhaftung macht nicht nur denjenigen blind und zerstört ihn, der verhaftet ist, sondern auch den anderen Menschen, dem die Anhaftung gilt. Aufgrund dieser Anhaftung versagt die Unterscheidungskraft, und Disziplin ist ebenfalls unmöglich."

Das *Mahabharata* erzählt die Geschichte von *Dhritarasthra*, dem blinden König, welcher eine übertriebene Anhänglichkeit gegenüber seinem ältesten Sohn *Duryodhana* zeigte. Daher war er weder in der Lage, seinem Sohn Disziplin zu vermitteln, noch ihn zu rechtem Denken und Handeln anzuleiten. Dies führte letztlich sowohl zu seiner eigenen Vernichtung, wie auch der seiner Söhne und des Königreiches.

Ein Gegenbeispiel ist *Sri Krishna*, der vollkommen ohne Anhaftung und daher fähig war, die *Pandavas* zu lieben und sie gleichzeitig zur Disziplin anzuhalten.

Die Geschichte *Dhritarasthras* und *Duryodhanas* unterstreicht, dass Selbstsucht und Anhaftung an einen Menschen die Zerstörung einer ganzen Gesellschaft hervorrufen können. Über die Grenzen der Liebe zwischen Ehemann und Ehefrau erzählt Amma eine Geschichte:

„Eine Frau begleitete ihren Mann, als er eine Arztpraxis besuchte. Nach der Untersuchung bat der Arzt die Frau allein in sein Sprechzimmer und sagte zu ihr: ‚Ihr Mann leidet an einer sehr schweren Krankheit in Kombination mit einem furchtbaren Stresssyndrom. Wenn Sie nicht tun, was ich Ihnen jetzt sage, wird Ihr Mann mit Sicherheit sterben. Bereiten Sie ihm jeden Tag ein gesundes Frühstück zu. Seien Sie freundlich zu ihm und sorgen Sie dafür, dass er sich in einer guten Stimmung befindet. Zu Mittag kochen Sie ihm ein nahrhaftes und zum Abendessen ein besonders schmackhaftes Mahl. Belasten Sie ihn nicht mit irgendwelchen Problemen, denn wahrscheinlich hatte er einen anstrengenden Tag. Diskutieren Sie mit ihm nicht über Ihre eigenen Probleme, denn das macht seinen Stress nur noch schlimmer. Am wichtigsten aber ist, dass Sie ihm jeden Wunsch von den Augen ablesen und ihn dazu ermuntern, sich bei Ihnen seine Probleme von der Seele zu reden - er sollte sich nicht im geringsten aufregen. Seien Sie besonders freundlich und zärtlich zu ihm. Wenn Sie diese Regeln für die nächsten zehn Monate befolgen, bin ich zuversichtlich, dass die Gesundheit Ihres Mannes komplett wiederhergestellt wird.'

Als die Eheleute sich auf dem Weg nach Hause befanden, fragte der Mann seine Frau: ‚Was hat der Arzt Dir gesagt?' - ‚Dass Du bald sterben wirst', antwortete die Frau."

Es ist eine Binsenweisheit, dass fast alle, die zu Amma kommen, es aufgrund ihrer selbstsüchtigen Wünsche tun. Obwohl sie es weiß, zeigt sie jedoch allen von ihnen die gleiche Liebe, ohne von irgendjemandem etwas dafür zurückzuverlangen. Dies ist das Merkmal eines Menschen, der im Göttlichen Bewusstsein lebt - von der Vision durchdrungen, dass alles eins ist.

"Derjenige ist vortrefflich, der Freunden, Feinden, Gleichgültigen, Unparteiischen, Hasserfüllten, Verwandten, Rechtschaffenen und Sündern im selben Geist begegnet."

– *Bhagavad Gita*, Kap.6, Vers 9

Wird eine Frucht von einem Baum abgepflückt, bevor sie reif ist, so nässt sie - weiße Milch fließt von ihrem Stiel. Wenn sie jedoch aufgrund natürlicher Reife vom Baum fällt, ist sie nicht nass

- sie löst sich einfach von selbst ab. Aufgrund der Natur unseres Geistes und unserer Lebensweise innerhalb dieser vergänglichen Welt entwickeln wir im Laufe der Zeit viele Anhaftungen und müssen konsequenterweise leiden, wenn die Zeit zum Abschied gekommen ist, betreffe es nun uns selbst oder andere. Dies hinterlässt Wunden in unserem Unterbewusstsein.

Bei einer tiefen Wunde bedarf es der Behandlung mit einem Antiseptikum im Innern der Wunde, nachdem diese zuvor gründlich gereinigt wurde. Es genügt nicht, sie nur äußerlich zu säubern und danach zu verbinden, denn so kann es zu einer erneuten Infektion kommen. In ähnlicher Weise reicht es auch nicht aus, Loslösung nur dann zu praktizieren, wenn jemand uns z. B. gekränkt oder Schmerz zugefügt hat. Sobald der Ärger nachgelassen hat, wird die Anhaftung wieder zunehmen, wenn auch eine innere Wunde zurückbleibt. Auf jeden Fall werden wir aller Wahrscheinlichkeit nach sehr bald wieder von jemand oder etwas anderem gefesselt. Wir können einfach nicht glücklich sein, ohne uns zu etwas hingezogen zu fühlen, mag es sich nun um einen Menschen, ein Haustier, Besitz oder eine gesellschaftliche Position handeln. Es ist die veränderliche und selbstbezogene Natur der Dinge, die uns Kummer bringt. Deshalb müssen wir uns auf dasjenige fokussieren, was unveränderlich ist, was uns nicht verletzt, nichts von uns will und nur das beste für uns im Sinn hat. Solche Kriterien werden nur von Gott erfüllt. In einer vergänglichen Welt, wo jeder zum Zwecke seines eigenen Wohlergehens nach Liebe sucht, wo jeder selbstsüchtig ist, kann der Wunsch nach wahrer Liebe nur durch die mystische Vereinigung mit Gott, dem Selbst aller Wesen, erfüllt werden.

Dies ist leichter gesagt als getan. Gott ist unsichtbar. Wir wissen nicht einmal, ob solch ein Wesen wirklich existiert und ob es uns, wenn es denn existiert, überhaupt hört. Ist dies nicht eine Angelegenheit bloßen Glaubens? Wie soll man auf ein Wesen vertrauen, welches unsichtbar und unbegreiflich ist? Unterschiedliche Menschen haben unterschiedliche Vorstellungen von Gott. Welcher Idee man auch immer anhängen mag, so macht Amma dazu doch folgende allgemeine Feststellung:

> "Die universale Kraft ist in euch. Nur durch Glauben und Meditation kann die Höchste Wahrheit erreicht werden. Ebenso wie ihr Wissenschaftlern vertraut, die von Dingen reden, die euch unbekannt sind, so solltet ihr auch Vertrauen haben in die Worte der großen Meister, die über die Wahrheit sprechen und in ihr verankert sind. Die Schriften und großen Meister erinnern uns daran, dass das Selbst oder Gott unser eigenes Wesen ist. Gott ist uns nicht fern, doch benötigen wir Glauben, um diese Wahrheit zu verinnerlichen. Gott ist kein begrenztes Individuum, das hoch oben in der Wolken allein auf einem Thron sitzt. Begreift diese Wahrheit und lernt, jeden Menschen in gleicher Weise zu akzeptieren und zu lieben."

Indem wir den Fluss der Gedanken vergöttlichen, ihn über die niedrigere Ebene der Weltlichkeit emporheben und uns auf Gott und den *guru* besinnen, werden unsere weltlichen Probleme und Leiden zu etwas vergleichsweise Trivialem herabgestuft. Unser Geist wird weit wie der Himmel, und allmählich empfinden wir in uns die Gegenwart Gottes.

Was als Glaube begann, wird zu einer Erfahrung. Die alten Wunden, die dem Ego angehören, beginnen zu verblassen. Wir lernen, die unvermeidlichen schmerzlichen Umstände als einen Segen und ein Geschenk unseres *gurus* anzusehen. In seiner unendlichen Weisheit erkennt er genau, was das beste ist. Alle unseren weltlichen Anhaftungen lösen sich auf in der einen allumfassenden Anhaftung an Gott.

Devotee:

„Einige Devotees sagen, dass sie trotz ihrer Hingabe immer noch leiden."

Amma:

"Wir rufen Gott an, damit er unsere vielfältigen Wünsche erfüllt. Augenblicklich ist der Geist voll von Wünschen, nicht jedoch von der Gestalt Gottes. Das bedeutet, dass wir Gott als unseren Bediensteten ansehen. - So sollte es jedoch nicht sein. Gott ist zwar der Diener Seiner Devotees, doch für uns ist es gleichwohl nicht angemessen, über ihn in dieser Weise zu denken. Bringt alles zu seinen Füßen dar! Wir müssen eine Haltung der Überantwortung annehmen, dann wird er uns mit Sicherheit beschützen. Nachdem wir in ein Boot oder einen Bus eingestiegen sind, werden wir unser Gepäck nicht mehr tragen, sondern es absetzen, nicht wahr?" In gleicher Weise solltet ihr alles Gott übergeben. Er wird uns schützen. Wenn es in unserer Nähe einen Platz gibt, wo wir uns ausruhen können, wird der bloße Gedanke, das Gepäck, welches wir auf dem Kopf tragen, bald abladen zu können, das Gewicht der Last vermindern. Wenn wir andererseits glauben, es gäbe keinen Platz zum Ausruhen, scheint das Gepäck viel schwerer zu sein. In gleicher Weise verkleinern sich alle unsere Lasten, wenn wir glauben, dass Gott nahe ist."

Es ist schwierig, sich daran zu erinnern, dass Gott die Realität hinter allen weltlichen Erscheinungen ist. Er ist nicht nur der Unwandelbare, sondern auch die unendlich aktive Macht, die alles geschehen lässt. Die Schöpfung ist Sein Spiel oder *lila*. Zuweilen vergessen wir dies und werden aufgeblasen, indem wir annehmen, wir seien der Handelnde.

Am Ende des Mahabharata-Krieges befanden sich *Sri Krishna* und *Arjuna* immer noch auf dem Streitwagen. Gemäß altindischer Tradition wurde von einem Wagenlenker erwartet, als Zeichen des Respekts zuerst aus dem Wagen auszusteigen und die Hand des Kriegers zu halten, wenn dieser im Begriff war, ihn zu verlassen. Obwohl *Sri Krishna* Gott Selbst war, akzeptierte er die Rolle des Wagenlenkers, und so hätte eigentlich er derjenige sein müssen, der den Wagen zuerst verließ. *Arjuna* wartete also darauf, dass *Krishna* hinuntersteigen würde, doch als er sah, dass dieser dazu keine Anstalten machte, stieg er schließlich selbst hinab. Er fühlte sich durch diese Handlungsweise des Herrn ein wenig gedemütigt.

Als Reaktion auf *Arjunas* Unwissenheit stieg nun *Krishna* selbst aus dem Wagen. Sofort flog auch *Sri Hanuman* heraus - und im Nu ging der Wagen in Flammen auf! *Arjuna* war geschockt. *Sri Bhagavan* erklärte ihm, dass *Sri Hanuman* den Wagen während des Krieges vor all den mächtigen Waffen, die von feindlicher Seite auf ihn niedergingen, beschützt hatte. Er hätte ihn auf keinen Fall verlassen, solange *Sri Krishna* noch nicht ausgestiegen war. Wäre *Sri Krishna* vor *Arjuna* aus dem Wagen gestiegen, wäre *Hanuman* weggeflogen und *Arjuna* zusammen mit dem Wagen verbrannt. *Krishnas* Anwesenheit war der Grund dafür, dass der Streitwagen unversehrt blieb. *Arjunas* stolze Annahme, er habe den Krieg gewonnen und müsse daher als ein großer Krieger verehrt werden, machte ihn blind für die Tatsache, dass nichts von alledem ohne die göttliche Gegenwart *Sri Krishnas* möglich gewesen wäre.

Wie der Herr in der *Bhagavad Gita* sagt:

"Ich bin die mächtige, Welten vernichtende Zeit, die (eben jetzt) dabei ist, die Welten zu vernichten. Auch ohne dein Zutun wird keiner der Krieger, die in den feindlichen Armeen aufgestellt sind, überleben."

– Kap.11, Vers 32

Wer ist Gott?

Vielleicht ist es nicht möglich, Gott zu erkennen oder zu verstehen, doch gemäß den alten Schriften und Ammas Lehren können wir durch seine Gnade mit Sicherheit eins mit ihm werden. Einstmals stellte Alexander der Große dem Philosophen Diogenes eine Frage: „Du bist so gelehrt und weißt so viel. Kannst du mir nicht etwas über Gott sagen und was sein Wesen ist?"

Diogenes wartete einen Augenblick und sagte dann: „Gib mir einen Tag Zeit!" Am nächsten Tag kam Alexander wieder, doch erneut sagte Diogenes: „Gib mir einen Tag Zeit!" Das Ganze wiederholte sich am nächsten Tag. Diesmal sagte Diogenes: „Gib mir drei Tage Zeit." Dann waren es vier, dann fünf, schließlich sechs Tage. Inzwischen waren mehr als zwei Wochen vergangen.

Alexander war ungehalten und sprach: „Was hat es mit deinem Verhalten auf sich? Entweder du weißt die Antwort nicht, dann hättest du es mir sofort sagen können. Weißt du sie aber, was soll dann der ständige Aufschub?"

Diogenes antwortete: „In dem Augenblick, als du mich fragtest, dachte ich zunächst, dass ich es wüsste. Doch je mehr ich versuchte, die Frage zu bewältigen, desto schwerer war sie zu fassen. Je mehr ich über die Sache nachdachte, desto weiter entfernte sie sich von mir. In diesem Moment weiß ich überhaupt nichts zu sagen, und alles, was ich dir antworten kann, ist dies, dass diejenigen, die glauben, sie würden Gott erkennen, sich im Irrtum befinden."

Einmal hörte ich einen Devotee mit einem *mahatma* streiten. Er behauptete, in der nicht-dualen Erfahrung des *samadhi* würde Gott verschwinden. Der *mahatma* sagte: „So ist es nicht. Er verschwindet keineswegs - du bist es, der verschwindet, und er allein bleibt übrig!"

Manchmal erhalten wir Gelegenheit, unseren eigenen Glauben zu prüfen. Während einer von Ammas Reisen in den USA sollte sich die Tour-Gruppe am Flughafen treffen, um in die nächste Stadt zu fliegen. Irgendwie geschah es, dass *Swami Purnamritananda*, zwei weitere Devotees und ich am falschen Flughafen abgesetzt wurden. Wir waren uns nicht darüber im Klaren, was geschehen war, bis wir das Gate erreichten und kein Flugzeug da war. Wir besaßen weder Geld, noch ein Ticket, und in zehn Minuten sollte das Flugzeug starten. Wir versuchten, ein Taxi zu bekommen, das uns zu dem anderen Flugplatz bringen würde, doch kein Fahrer war bereit, uns eine derart kurze Strecke mitzunehmen. Wir alle dachten. „Okay, Amma, wenn du willst, dass wir mit dir reisen, dann musst du schnell handeln." Wir standen also an der Bordsteinkante, warteten und hofften - entgegen aller Hoffnung. Gerade in diesem Augenblick hielt ein Wagen am Bordstein. Es war dieselbe Frau, die uns abgesetzt hatte und nun gekommen war, um uns zum richtigen Flughafen zu bringen. Schnell fuhr sie uns dort hin, wir rannten zum Flugzeug, und kurz, nachdem wir eingestiegen waren, schloss sich die Tür! Wir alle stießen einen Seufzer aus - „Amma!"

Verantwortung

„Amma wird euch den Weg zur Befreiung bahnen. Sie wird eure Hand halten und euch zum Ziel führen. Seid aufrichtig und stellt euch der Verantwortung, die das Leben euch überträgt. Auf diese Weise werdet ihr geistigen Frieden erlangen."

– Amma

Wenn jemand ein Versprechen macht, erweckt das normalerweise unser Misstrauen. Politiker versprechen alles Mögliche, um an die Macht zu kommen. Um seines eigenen Vergnügens willen macht der Liebhaber der Geliebten Versprechungen. Eltern versprechen ihren Kindern etwas, damit diese bestimmte Dinge tun, zu welchen sie gewöhnlich nicht leicht zu bewegen sind. Umgekehrt machen Kinder den Eltern Versprechungen, um zu vermeiden, etwas zu tun, wozu sie eigentlich verpflichtet wären.

Alle diese Menschen haben ihre eigenen Ziele und selbstsüchtigen Beweggründe, um solche Versprechungen abzugeben, doch möglicherweise sind sie nicht einmal im Besitz der Mittel, sie zu erfüllen.

Ammas Versprechen ist nicht von dieser Art. Sie sagt, sie werde uns den Pfad zur Befreiung ebnen, unsere Hand halten und uns zum Ziel führen. Es ist schwer, sich vorzustellen, von welcher Art die Kraft oder innere Erfahrung ist, die ihr die Zuversicht geben, ein solches Versprechen abzugeben. Wenn wir tiefer über Ammas Worte nachdenken, werden wir feststellen, dass die Art und Weise, wie wir sie verstehen, den wirklichen Sachverhalt nicht erschöpft.

Amma sagt, sie werde uns den Weg ebnen, unsere Hand halten und uns zum Ziel - der Befreiung aus dem Kreislauf von Geburt und Tod führen. Wie will sie das zuwege bringen? Sicherlich ist es nur unter der Voraussetzung möglich, dass sie selbst in diesem Zustand lebt.

Für die Mehrheit von uns ist Amma der Mensch, welcher im indischen Amritapuri lebt und jedes Jahr auf Weltreise geht. Wie soll es ihr also möglich sein, dieses Versprechen zu erfüllen? Im physischen Sinne ist es sicherlich unmöglich. Kann sie es vielleicht durch eine Art „Fernbedienung" zuwege bringen? Selbst wenn dies der Fall sein sollte, wie kann sie sich all ihren Millionen von

Verehrern gleichzeitig widmen? Was ist, wenn einige Devotees sie zur gleichen Zeit brauchen? Wie kann sie alle zur selben Zeit hören und wissen, was jeder einzelne von ihnen zu einer bestimmten Zeit benötigt? Es ist ein solch schwindelerregender Gedanke!

Mit manchen Fernbedienungen kann man von einer kleinen Einheit aus viele Anwendungen gleichzeitig kontrollieren. Wenn wir aber kein Raketen-Wissenschaftler oder Programmierer sind, empfinden wir selbst diese Aufgabe als kompliziert und schwierig zu bewältigen. Viele von uns sind nicht besonders technisch oder mechanisch begabt. Einmal geschah es, dass jemand, der im *ashram* mit einer Arbeit am Computer beschäftigt war, mich anrief und sagte, es sei dringend: Der Drucker funktioniere nicht mehr. Man hatte alles richtig gemacht, und dennoch war das Gerät offensichtlich mausetot. Als ich dort hinkam, stellte ich fest, dass der Drucker nicht einmal eingeschaltet war!

Wenn wir Ammas Worte verstehen wollen, müssen wir die Vorstellung aufgeben, sie sei ein bloßer Körper, der aus Fleisch und Knochen bestehe oder dass sie mit einem Geist ausgestattet sei, wie wir ihn besitzen. Wenn sie sich um uns alle kümmern kann, bedeutet das, sie ist jetzt hier bei uns allen, obwohl sie unseren körperlichen Augen nicht sichtbar, ist. Ihre Erfahrung vom eigenen Selbst muss sich beträchtlich von der unseren unterscheiden. Auf ihre eigene geheimnisvolle Weise vermag sie all unsere Hindernisse zu sehen und uns weiterzuhelfen.

Die *Bhagavad Gita* sagt:

"Die ganze Welt ist erfüllt von Mir in Meinem nicht-manifesten Aspekt. Alle Wesen existieren in Mir, ich jedoch nicht in ihnen.

Auch existiert in Wirklichkeit kein Wesen in Mir; sieh Meinen göttlichen *yoga*: Ich trage alle Wesen, weile jedoch nicht in ihnen; Mein Selbst ist die Ursache der

174

Wesen. Wie der mächtige Wind sich überallhin bewegt und doch immer im Äther ruht, so wisse, dass ebenso alle Wesen in Mir sind."

– Kap.9, Verse 4-6.

Und abermals:

"Durch Hingabe erkennt er Mich in meiner Wahrheit, er erkennt, was und wer Ich bin; wenn er Mich so wirklichkeitsgemäß erkannt hat, geht er unverzüglich in das Höchste ein.

Wenn er alle Handlungen ausführt, indem er bei Mir Zuflucht gesucht hat, erlangt er durch Meine Gnade die ewige, unzerstörbare Wohnstatt.

Entsage mental allen Handlungen in Mir, sieh Mich als dein höchstes Ziel, wende dich dem *yoga* der Unterscheidung zu und hefte deinen Geist immer auf Mich.

Wenn dein Geist auf Mich gerichtet ist, wirst du durch Meine Gnade alle Hindernisse überwinden; wenn du Mich aber aus Ich-Anhaftung nicht hören willst, wirst du untergehen.

Höre wieder Mein höchstes, geheimstes Wort; da Ich dich herzlich liebe, werde Ich dir sagen, was gut ist:

Richte deinen Geist auf Mich, sei Mir ergeben, opfere Mir und verneige dich vor Mir. Du wirst zu Mir gelangen; wahrlich, Ich gebe dir das Versprechen, denn du bist Mir lieb."

– Kap..18, Verse 55-58, 64-65

Schließlich:

"Jeder, der beim Verlassen des Körpers damit fortfährt, allein an Mich zu denken, gelangt zur Stunde des Todes zu Meinem Wesen; darüber besteht kein Zweifel.

Jeder, der, wenn er am Ende den Körper verlässt, an irgendein Wesen denkt, geht allein zu ebendiesem Wesen, oh Sohn *Kuntis*,

indem der Gedanke ständig bei diesem verweilt. Daher denke allezeit nur an Mich und kämpfe. Wenn Geist und Verstand fest auf mich gerichtet sind, wirst du ohne Zweifel allein zu Mir kommen."

– Kap.8, Verse 5-7

Dies bedeutet natürlich nicht, dass wir nicht mehr leiden müssen, nachdem wir bei Amma Zuflucht gesucht haben, doch genau wie Eltern die Hand des Kindes festhalten, während es unter Schwierigleiten laufen zu lernen versucht, so dass es nicht hinfällt und sich verletzt, so wird auch sie uns mit ihren allumfassenden Händen festhalten, sofern wir ihren Anweisungen folgen. Aus diesem Grund ist es nötig, ihre Lehren zu studieren, um zu wissen, worin ihre Anweisungen bestehen, sowohl in allgemeiner Hinsicht als auch in Bezug auf das, was uns persönlich betrifft. Dies ist das Kleingedruckte, das unten im Vertrag steht!

KAPITEL NEUNZEHN

Aufrichtigkeit und Verantwortung

Wieso messen die Weisen der Wahrheit einen solch hohen Stellenwert bei? Die relative Wahrheit ist eine Widerspiegelung von *Brahman*, der transzendenten Wahrheit. Wir erzählen Lügen, um unser Ego zu schützen oder etwas zu bekommen. Das Ego ist das genaue Gegenteil der Höchsten Wahrheit. Es verbirgt die Wahrheit vor unserem Anblick und lässt uns glauben, wir seien abgetrennte Wesen. Es ist eine große Lüge. Indem wir der Wahrheit treu bleiben, dünnen wir das Ego teilweise aus und machen spirituelle Fortschritte.

Von dieser Regel kann es keine Ausnahme geben, wenn wir mit Amma zu tun haben. Nicht einmal eine Notlüge ist ihr gegenüber zulässig. Zu lügen ist für Menschen ziemlich natürlich. Wir tun es die ganze Zeit. Auf solche Weise versuchen wir gut dazustehen und niemals eines Fehlers bezichtigt zu werden. Es sind dies alles Mechanismen des Egos. Vielleicht schrecken wir nicht einmal davor zurück, die Wahrheit selbst in der Gestalt von Amma zu belügen. Wir können sie jedoch nicht zum Narren halten. Ihr gegenüber können wir nicht einmal übertreiben. Jederzeit kennt sie die Wahrheit, sei es im Hinblick auf einen Menschen oder eine Situation. Indem wir sie anlügen oder übertreiben, erreichen wir nur, dass wir am Ende in einem sehr schlechten Licht dastehen, anstatt einen guten Eindruck zu erwecken. Es verrät unseren Mangel an Vertrauen in sie und tötet sowohl unsere Unschuld als auch unsere Hingabe. Es zeigt deutlich, dass unsere Hingabe ans Ego größer ist als unsere Hingabe an Gott und Unehrlichkeit an die Stelle von Unschuld getreten ist.

Wir müssen extrem wachsam sein, im Zusammensein mit Amma nicht so zu agieren, wie wir das „außerhalb" tun. Einige Rechtsanwälte werden vielleicht Zweifel hegen, ob sie, nachdem sie dies gehört haben, ihren Beruf weiter ausüben können. Ein Rechtsanwalt fragte Amma einmal:

„Was ist unser Schicksal, Amma? In unserer Umtriebigkeit befassen wir uns ständig mit Gerichtsverhandlungen, Rechts-streitigkeiten, Lügen usw."

Ammas Antwort:

> „Das ist alles in Ordnung, mein Sohn. es ist das *dharma* eines Rechtsanwaltes, die Interessen seines Klienten vor Gericht wahrzunehmen. Daran ist nichts Falsches. Ein Anwalt erfüllt nur seine Pflicht, wenn er einen Krimi-nellen verteidigt. Dennoch sollte man, soweit dies mög-lich ist, nur Fälle übernehmen, wo es um die Wahrheit geht. Wenn der Kriminelle aufgrund der kompetenten Verteidigung eines Anwalts freikommt, so fällt die begangene Sünde nicht auf den letzteren zurück. Der Verbrecher entgeht lediglich der Verurteilung durch ein menschliches Gericht, doch der Bestrafung durch das Gericht Gottes kann er nicht entkommen. Man muss die Früchte seiner Handlungen in jedem Fall ernten. Wie jeder andere Mensch kann auch ein Rechtsanwalt zur Spiritualität gelangen und das weltliche Leben aufgeben, nachdem echtes *vairagya* (Loslösung) in ihm aufgekeimt ist. Bis dahin sollte er seinem *svadharma*

(eigene Pflicht) in der Weise folgen, dass er alles Gott darbringt.

In früheren Zeiten gab es nur die Wahrheit. Alle Familien führten ein Leben der Wahrhaftigkeit. Selbst ein Diener wäre nicht von der Wahrheit abgewichen, auch nicht, wenn man ihm Millionen dafür geboten hätte. Wenn man der Wahrheit treu bleibt, fällt einem alles andere zu. Ohne sie kann nichts Gutes existieren. Wahrheit ist alles - sie ist Gott selbst."

Die andere Eigenschaft, die Amma uns zu kultivieren anhält, ist Verantwortungsgefühl. Sie spricht hier aus eigener Erfahrung. Zu allen Zeiten hat sie verantwortlich gehandelt. Wenn sie auch auf einer erhabenen Realitätsebene jenseits des Körperbewusstseins lebt und keinerlei Anhaftung an irgendjemanden kennt, so kommt sie gleichwohl allem nach, was sie als ihre Pflicht betrachtet.

In früheren Tagen, als der *ashram* noch nicht existierte, kümmerte sie sich um ihre Famile und um andere Verwandte, selbst wenn dies für sie mit großen Unannehmlichkeiten verbunden war. Sogar während der Zeit, als sie bereits *Krishnabhava- Darshan* gab, kümmerte sie sich, als ihr Vater krank im Hospital lag, um den gesamten Haushalt. Zusätzlich kochte sie für ihn und brachte ihm das Essen ins fünfunddreißig Kilometer entfernte Krankenhaus. Um zum Bus in die Stadt zu gelangen, musste sie an einer Anzahl aggressiver Menschen vorbeigehen, welche Steine nach ihr warfen und sie mit „Krishna, Krishna"-Rufen verhöhnten. Das hielt sie jedoch niemals davon ab, ihre Pflicht zu erfüllen. Ammas Leben ist die fortdauernde barmherzige Erfüllung ihrer Pflichten gegenüber der Menschheit, ungeachtet des Leids, welches sie dabei zu ertragen hat. Zu allen Zeiten ist sie sich ihrer weltlichen und spirituellen Pflichten bewusst gewesen. In Amma sehen wir die Lehre des *karma-yoga* in vollkommener Weise personifiziert: Tue deine Pflicht und überantworte das Resultat an Gott. Sei auch bereit, dafür zu sterben.

Amma fühlt, dass der Zweck ihres Lebens darin besteht, den leidenden *jivas* (Individualseelen) Trost zu spenden und sie auf den Pfad der Befreiung aus dem Daseinskreislauf *(samsara)* zu führen. Sie nimmt diese Pflicht so ernst, dass sie ihren Körper fortwährend unvorstellbaren Spannungen und Qualen aussetzt, heute mehr als je zuvor. Wie wir alle wissen, ist es für sie nicht ungewöhnlich, achtzehn Stunden am Stück oder sogar länger sitzend auszuharren, um diejenigen zu trösten, welche zu ihr kommen, weil sie der Erleichterung bedürfen.

Amma rät uns, regelmäßig *sadhana* zu praktizieren, doch sie hält uns auch dazu an, unser alltägliches Leben zu vergöttlichen. Tun wir das nicht, liegt Geistesfrieden möglicherweise außerhalb unserer Reichweite. Der Frieden, den wir während der Meditation erfahren, muss ins Alltagsleben übertragen werden. Schließlich ist es jenes tägliche Leben, das uns so sehr zerstreut. Wir müssen nach Wegen Ausschau halten, den ganzen Tag über an Gott zu denken.

Eine Dame erhält den Rat, in ihrem Enkelkind Gott zu erblicken

Eine alte Dame kam mit ihrem Enkel zu einem *mahatma* und fragte ihn, ob es in Ordnung sei, ihre Familie zu verlassen und nach *Vrindavan* zu ziehen, um dort *sadhana* zu praktizieren. *Vrindavan* ist jener Ort, wo Krishna seine Kindheit verbrachte. War es ratsam für sie, all ihre familiären Bindungen aufzugeben?

Der Weise antwortete: "Bitte hören Sie gut zu. Was ist es, was Sie durch die Augen Ihres Enkels anblickt? Welche Kraft oder Energie durchdringt jede Pore seines Körpers?"

"Es muss natürlich Gott sein", sagte die Dame. „Wenn Sie nach *Vrindavan* gehen, müssen sie Tag und Nacht eine einzige Gottheit anbeten, nämlich das Bild *Krishnas*. Ist der Körper dieses Jungen nicht ein ebenso gutes Abbild *Krishnas* wie das Bild aus Stein in *Vrindavan*?", fragte der *swami*. Einen Augenblick lang war die Frau sprachlos. Dann dachte sie nach und kam zu dem Schluss, dass der Heilige wohl recht haben musste. Warum sollte es nötig für sie sein, nach *Vrindavan* zu gehen, wenn sie Gott ebenso gut in der körperlichen Gestalt ihres Enkelkindes anbeten konnte? Wer, wenn nicht Gott war es, der sie durch seine Augen ansah, sie durch seinen Mund ansprach und dafür sorgte, dass alle Körperfunktionen des Jungen ihren Dienst ausführten? Es klang einfach genug, doch dann kam der Haken. Der Weise fuhr fort: „Sie dürfen den Jungen nicht mehr als Ihren Enkel betrachten. Nicht länger sind Sie mit ihm in irgendeiner Weise verwandt. Sie müssen ihn als den Herrn selbst ansehen und jegliche familiären oder weltlichen Bande mit ihm lösen. Das einzige Bindeglied zwischen Ihnen und Gott ist dieser Junge. Alle Liebe, die Sie in Ihrem Herzen tragen, bringen Sie Gott in dieser Form dar! Das ist wahre Entsagung."

Amma bittet uns nicht, die Welt aufzugeben. Sie hält uns vielmehr dazu an, unsere weltlichen Anhaftungen und Bindungen hinter uns zu lassen. Der Freund, die Ehefrau und der Ehemann sollten nicht mehr als diese einzelnen Individuen betrachtet werden. In ihnen allen sollten wir nur Gott wahrnehmen. Selbst den negativen Empfindungen gegenüber unseren Feinden und bösartigen Menschen muss entsagt werden; stattdessen müssen wir die Göttlichkeit in ihnen erkennen. Unsere weltliche Sichtweise muss in die Vision Gottes in allen Lebewesen umgewandelt werden. Alle persönlichen Beziehungen müssen sublimiert und auf die Ebene einer universalen Beziehung zu Gott emporgehoben werden. Amma ist die wahre Verkörperung dieser Wahrheit und das größte Vorbild, dem wir folgen können. Sie sagt:

"Nachdem wir die menschliche Form erlangt haben, sollten wir uns zur Göttlichkeit erheben. Unser individuelles Wesen sollten wir Gott darbringen und auf diese Weise vollkommen werden. Für *maya* ist nichts unmöglich, Kinder. Fallt nicht der Katastrophe, die den Namen *maya* trägt, anheim. Werdet nicht zu Opfern der Illusion und ergeht euch in Klagen. Befreit euch aus ihren Klauen."

Nach zahllosen Geburten im subhumanen Bereich wird uns vom Schöpfer am Ende eine menschliche Form und damit Gelegenheit gegeben, Einheit mit ihm zu erlangen. Tatsächlich besteht das letzte Ziel, der wahre Zweck der Evolution, in der Vereinigung mit dem Schöpfer der Evolution. Amma und die Schriften sagen uns, dass wir niemals wahrhaft glücklich werden können, wenn wir nicht unsere Einheit mit dem Schöpfer erfahren. Die Schöpfung, so weit und staunenerregend sie auch ist, kann niemals den bodenlosen Abgrund unserer Sehnsucht nach unendlicher, ewig neuartiger, unvergleichlicher Glückseligkeit stillen. *Oru nimishum engilum* („Selbst für einen Augenblick") ist ein bekanntes Lied, das Amma zu singen pflegt. In ihm heißt es:

Oh Mensch, fühlst du auch nur eine Sekunde lang Geistesfrieden, während du nach Glück in der Welt Ausschau hältst?
Ohne die Wahrheit zu ergreifen, rennst du dem Schatten der *maya* hinterher. Dich ereilt dasselbe

Schicksal wie die Motte, die vom Anblick des gleißen-
den Feuers geblendet wird.

Nachdem du dich nach und nach in zahlreichen
Tier-Inkarnationen wie Würmern, Kriechtieren, Vögeln
und Säugetieren weiterentwickelt hast, wirst du schließlich zu einem Menschen. Was ist der Sinn des menschlichen Lebens, wenn nicht die Selbstverwirklichung?

Stoßt Lust, Stolz und Gier von euch fort! Gebt das
Leben der Illusion auf und verbringt euer Leben als
Mensch damit, die Herrlichkeit von *Parabrahman* zu
besingen. Gottverwirklichung ist euer Geburtsrecht;
vergeudet dieses wertvolle Leben nicht."

KAPITEL ZWANZIG

Der Mensch — die Glorie der Schöpfung

Intuition und Instinkt

Die indischen heiligen Schriften sagen uns, dass von allen Lebewesen allein der Mensch mit Unterscheidungsvermögen ausgestattet ist, was ihn über alle anderen Geschöpfe erhebt. Als diese Aussage unter den Tieren des Waldes bekannt wurde, regten sich bei ihnen Zweifel an deren Richtigkeit. Der schlaue Fuchs war aufgebracht über eine solche Glorifizierung des Menschen und seine gehobene Position in Gottes Schöpfung. Er dachte bei sich: „Bin ich selbst in irgendeiner Weise weniger intelligent als der Mensch? Oder ist er andererseits weniger gerissen, wenn es darum geht, andere hinters Licht zu führen? Er ist ebenso ein lebendiges Geschöpf wie ich. Tatsächlich bin ich genügsamer als er. Ich trage nicht zu jeder Jahreszeit alle möglichen kostspieligen Kleider, wie er es tut. Geduldig ertrage ich Hitze wie Kälte. Weder brauche ich einem Schirm, der mich vor Regen schützt, noch eine Sonnenbrille, die im Sommer das blendende Sonnenlicht von mir abhält. Mich verlangt auch nicht nach einem Auto oder einem Zug, um mich von Ort zu Ort zu bewegen. Wenn wir Tiere also diese und noch viele andere hervorragende Eigenschaften besitzen, wieso sollte dann der Mensch als höherstehend betrachtet werden? Ich werde dafür sorgen, dass diese Ungerechtigkeit ein Ende nimmt."

Also machte sich der Fuchs auf den Weg, um andere Tiere ausfindig zu machen und sie davon zu überzeugen, sich ihm anzuschließen. Am Ende gelang es ihm, eine stattliche Anzahl hinter sich zu versammeln. Danach begaben sie sich alle zum Elefanten. Der weise Elefant sprach: „Brüder, zweifellos ist etwas Wahres an dem, was ihr sagt. Lasst uns zu einem anderen Waldbewohner gehen und seine Meinung anhören. Drüben in dem Landhaus lebt ein Weiser. Wir wollen uns dort hinbegeben und ihm unseren Fall darlegen." Alle waren mit dem Vorschlag des Elefanten einverstanden.

"*Swami*, Ihr kennt mich gut", bellte der Hund. „Ich bin das Symbol der Dankbarkeit. Wenn ein Mensch mich auch tausende Male schlägt, mir aber nun ein einziges Mal eine Kleinigkeit zu essen gibt, bin ich ihm für den Rest meines Lebens dankbar und bereit, mein Leben hinzugeben, um ihm zu dienen. Ein Mensch jedoch vergisst tausend Gefälligkeiten, die man ihm erwiesen hat und erinnert sich nur an das einmalige Fehlverhalten, dessen sich ein Freund ihm gegenüber vielleicht schuldig gemacht hat.. Er übersieht die Hilfe, die er erhalten hat und ist stattdessen bereit, seine Verwandten und Bekannten umzubringen, wenn man ihm nur einmal, und sei es auch unwissentlich, Unrecht getan hat. Wie kann man dann also behaupten, der Mensch stehe über den Tieren?"

Danach war die Kuh an der Reihe, ihre Klage vorzutragen. "Der Mensch führt mich auf die Weide, um zu grasen. Manchmal gibt er mir auch ein wenig Stroh oder ein paar Schalen. Dafür versorge ich ihn mit meiner nährwerthaltigen Milch. Manchmal lässt er sogar mein Baby hungern, damit er und seine Kinder zu essen haben. Während ich ihn und seine Familie somit ernähre, gewährt er mir nur einen Unterstand an einem übelriechenden und unsauberen Platz auf dem Hinterhof seines Hauses. In dem Augenblick, wo ich keine Milch mehr gebe, werde ich schlecht behandelt und ignoriert. Im Alter jagt man mich entweder fort oder verkauft mich an einen Metzger. So verhält es sich mit dem Menschen, den du so turmhoch über den Rest stellst. Bitte erkläre mir, warum?"

Nun war es an der Krähe, ihre Sicht der Dinge darzulegen.

"Verfügt der Mensch vielleicht über die Eigenschaft, die ich besitze? Selbst wenn man mir nur einen Brotkrumen hinwirft, krächze ich und rufe alle meine Brüder und Schwestern zusammen, um ihn mit ihnen zu teilen. Der Mensch aber tut das Gegenteil. Wie viel er auch besitzt, er ist darauf aus, immer mehr davon anzuhäufen und schreckt nicht davor zurück, seinem Nachbarn das Brot wegzuschnappen. Wie kann diesem selbstsüchtigen und gierigen Menschen eine Stellung über mir zugewiesen werden?"

Anschließend war es am Fisch, seine Meinung zum Ausdruck zu bringen. Er flüsterte: „Oh, weiser Mann! Ich gehe nicht soweit, zu behaupten, der Mensch sei mir unterlegen, doch nenne ich ihn im höchsten Grade dumm! Ich füge ihm keinen Schaden zu. Tatsächlich bin ich ihm nützlich, indem ich seine Teiche, Becken, Seen und Flüsse sauber halte. Ich fresse den Abfall, der er selbst ins Wasser wirft. Doch anstatt solch einen Wohltäter wie mich zu erhalten, fängt, tötet und verspeist mich der törichte Mensch. Meinst du wirklich, er sei mir überlegen?"

Das Maultier schrie: „Der Fisch hat ganz recht. Betrachte nur meine erbärmliche Lage! Ich bin ein Lasttier und berühmt für meine göttliche Eigenschaft der Geduld. Beleidigung und Kränkung ertrage ich mit Gelassenheit. Ohne meine Dienste würden die Menschen in Berggegenden aus Mangel am Allernötigsten umkommen. Ich bin es, der ihre Nahrungsmittel und andere

Güter schleppt. Was ist der Lohn dafür? Schläge und nochmals Schläge. Ist solch ein Wesen mir etwa überlegen?"

„Sagt ihm alles, liebe Freunde, erzählt ihm von allen euren Qualitäten und übermenschlichen Errungenschaften!", spornte der schlaue Fuchs sie an.

„Mein Herr, sagte der Hirsch, ebenjenes Fell, auf welchem Ihr sitzt und über Gott meditiert, gehört unserer Art. Habt Ihr jemals davon gehört, dass man die Haut eines Menschen zu irgendetwas Nützlichem verwenden kann? Was Schönheit anbetrifft, so vergleicht man die bezaubernden Augen einer Frau oft mit den meinen, und mein liebliches Geweih schmückt die Säle, in denen die Menschen sich versammeln."

„Meine Federn", warf der Pfau ein, „sind derart entzückend, dass selbst *Sri Krishna* sie in seinen Turban steckte. *Sri Shanmukha* benutzt mich als Sein Gefährt, und viele von seinen Verehrern verwenden meine Federn als Zauberstab, um böse Geister zu vertreiben. Niemand hat je davon gehört, dass Haut und Haare des Menschen in dieser Weise verwendet werden."

Noch einmal ergriff die Kuh das Wort: "Alle meine Ausscheidungen werden als heilig und im höchsten Grade reinigend betrachtet. Das *panchagavya* ist ein unverzichtbares Element aller heiligen menschlichen Rituale. Hingegen löst schon die bloße Erwähnung menschlicher Exkremente bei ihnen einen Brechreiz aus, und der geringste Kontakt damit macht es unverzichtbar für sie, anschließend ein Bad zu nehmen oder sich ausgiebig zu waschen."

"Kann irgendein Mensch von sich behaupten, einen so hervorragenden Geruchsinn zu besitzen wie ich?", fragte der Hund.

„Kann irgendein Mensch für sich in Anspruch nehmen, mit einer so ausgezeichneten Sehfähigkeit ausgestattet zu sein wie ich?", wollte der Falke wissen.

„Kann irgendein Mensch bei Tag wie bei Nacht Dinge mit solcher Leichtigkeit erkennen wie ich?", machte die Katze geltend.

Schließlich meldete sich noch der Elefant: „Ich kann große Dinge vollbringen. Mein Körper ist riesig, und zahllose Geschichten bezeugen meine Intelligenz. Aus meinen Stoßzähnen und Knochen macht man schöne elfenbeinerne Bildnisse und Götterstatuen. All das ist wahr, doch belehre uns freundlicherweise darüber, oh Weiser, wieso der Mensch trotz alledem uns gegenüber als überlegen betrachtet wird. Obwohl ich den Argumenten meiner Brüder beipflichte, habe ich dennoch das Gefühl, dass es einen guten Grund für seine vorrangige Stellung geben muss."

Alle Tiere warteten nun geduldig, um zu hören, was der Weise zu diesem Thema zu sagen hatte. Also sprach er zu ihnen: „Hört, meine lieben Mitbewohner des Dschungels! Alles, was ihr gesagt habt, ist wahr. Doch hat Gott den Menschen mit dem Auge des Unterscheidungsvermögens - dem Intellekt - ausgestattet. Dieser befähigt ihn, zwischen richtig und falsch, der Wahrheit und der Unwahrheit, dem Guten und dem Bösen zu unterscheiden. Ihr werdet beherrscht von Instinkten, doch der Mensch vermag Intuition zu entwickeln. Er besitzt die Fähigkeit, seine Instinkte zu kontrollieren und mittels Intuition Gott zu erreichen."

„Und wenn er es nicht tut?", fragte der schlaue Fuchs.

„In diesem Fall ist er natürlich weit schlechter gestellt als jedes andere Geschöpf. Tut er es hingegen, ist er dem gesamten Rest der Schöpfung überlegen", sagte der Weise.

Nachdem die Tiere diese Begründung gehört hatten, waren sie zufriedengestellt und gingen ihrer Wege.

Der Amerikanische Traum

Viele Menschen überall in der Welt glauben, den „amerikanischen Traum" zu leben würde sie glücklich machen. Was genau ist eigentlich darunter zu verstehen? Es gibt viele Definitionen, aber sie scheinen alle auf folgendes hinauszulaufen:

> Er besteht in einer Reihe von Idealen, bei welchen Freiheit die Gelegenheit zu Erfolg und Wohlstand einschließt. So wird Familien und Kindern die Möglichkeit zu sozialem Aufstieg eröffnet, der in einer offenen Gesellschaft mittels harter Arbeit erreicht werden kann.

Selbst in den USA durchschauen jedoch inzwischen viele Schulkinder die Hohlheit des „amerikanischen Traumes", welcher darin besteht, ein schönes Haus, einen guten Beruf, ein Auto und andere materielle Annehmlichkeiten zu erlangen. Sie sind der Meinung, soziale Beziehungen seien wichtiger als irgendein materieller Gegenstand.

Das Problem dieser Analyse liegt darin, dass sie nicht weit genug geht, denn auch Beziehungen können zur Verbitterung führen; auch sie können oberflächlich oder schmerzhaft sein.

Natürlich weiß Amma, dass materieller Wohlstand und Annehmlichkeiten wichtige Ziele im Leben sind. Man schaue nur auf ihre karitativen Projekte. Sie versuchen, die Menschen wenigstens mit dem Allernotwendigsten zu versorgen, sowie ihnen die Chancen zu bieten, ein glückliches Leben zu führen. Doch sagt sie auch, dass nur die Beziehung zu Gott die Sehnsucht des menschlichen Herzens nach Glück zufriedenstellen kann. Je näher man Gott kommt, desto mehr genießt man göttliche Wonne und Frieden. Dies ist zu allen Zeiten die Erfahrung sämtlicher Devotees gewesen.

Die *mahatmas* der Vergangenheit wie der Gegenwart betonen, dass die Seele, wenn sie der Vollendung ihrer Rundreise durch Geburten und Tode näher kommt, einen Ekel gegenüber der Welt empfindet. Dies führt einen letztlich zur Hingabe an Gott.

Es scheint ein Naturgesetz zu sein, dass man zu dieser Zeit dem *guru* begegnet, welcher einem den Weg weist, aus der universalen Illusion zu erwachen.

Was ist es, das uns immer weiter im Kreislauf der Geburten und Tode umherreisen lässt? *Maya* verbirgt den Schöpfer, indem sie die Schöpfung manifestiert, und dies macht uns blind für unsere wahre Natur als unvergängliche Seele. Es lässt uns glauben, wir seien der vergängliche Körper.

Wieder und wieder weist Amma darauf hin, dass wir uns nicht mit dem Status Quo zufriedengeben sollen. Wir müssen Kontakt mit erwachten Seelen aufnehmen, damit wir der *maya* überdrüssig werden und danach streben, aufzuwachen. Das Sprichwort, „Gleich und gleich gesellt sich gern", trifft wirklich ins Schwarze.

Der große Weise *Adi Shankaracharya*, dessen Lehre des *advaita-vedanta* (Nicht-Zweiheit) Amma und andere moderne *mahatmas* wie *Sri Ramana Maharshi* übernommen haben, schrieb neben seinen Advaita-Werken viele hingebungsvolle Hymnen. In einer von diesen, dem *Bhaja-Govindam*, besingt er die Großartigkeit des Kontaktes mit weisen Seelen:

Satsangatve nissangatvam
Nissangatve nirmohatvam
Nirmohatve nishchalatattvam
Nishchalatattve jeevanmukti

„Die Gesellschaft der Wahrhaftigen führt zu Nicht-Anhaftung; Nicht-Anhaftung führt zu Abwesenheit von Verblendung; Abwesenheit von Verblendung führt zu Unerschütterlichkeit im Wesen; Unerschütterlichkeit im Wesen führt zu Befreiung bei Lebzeiten."

Er sagt uns auch, das Überqueren des Ozeans von Geburt und Tod *(samsara)* sei unmöglich ohne die Hilfe Gottes.

Punarapi jananam punarapi maranam
Punarapi janani jathare shayanam
Iha samsare bahudustare
Kripayapare pahi murare

„Wieder und wieder wird man geboren; wieder und wieder findet man den Tod; schon schläft man wieder im Schoß der Mutter. Hilf mir, dieses unpassierbare, grenzenlose Meer des Lebens zu überqueren, oh, Herr."

Bhaja-Govindam

Maya lässt uns gleichsam zu Schafen werden. Die meiste Zeit tun wir das, was alle anderen machen. Ein außergewöhnlicher Mensch denkt hingegen über das letzte Ziel seiner Handlungen nach. Der Tod und der Kontakt mit Weisen rütteln uns wach; sie veranlassen uns zu einer tiefen Besinnung auf unser Dasein.

Swami Vivekananda und ein Student

Als *Swami Vivekananda* mit dem Schiff zum zweiten Mal nach Amerika reiste, begegnete er dort einem indischen Studenten, der sich ebenfalls auf dem Weg in die USA befand, um dort ein Fortgeschrittenen-Studium zu absolvieren. Er sah hochgebildet aus - doch verhielt er sich ziemlich arrogant, was darauf zurückzuführen sein mochte, dass zu jener Zeit nur wenige Menschen aus dem Ausland privilegiert waren, nach Amerika zu fahren. Der *swami* dachte sich, dies sei eine gute Gelegenheit, ihm die richtigen Werte, an denen man sich im Leben orientieren sollte, nahe zu bringen. Als sie sich eines Abends an Deck trafen, stellte *Vivekananda* dem Studenten folgende Frage:
„Was ist der Grund für deine Reise nach Amerika, mein Sohn?"

„Ich werde dort ein Studium für Fortgeschrittene beginnen, Sir. Es wird vier bis fünf Jahre in Anspruch nehmen."

„Was wird danach passieren?"

„Danach kehre ich nach Indien zurück. Ich bin mir sicher, eine gute Anstellung zu bekommen und eine Menge Geld zu verdienen." - „Und dann?"

Der Student war überrascht. War der *swami* ein solcher Ignorant, dass er den Wert des Geldes nicht zu schätzen wusste?"

„Dann, mein Herr, werde ich mich in einer glücklichen Lage befinden. Alle Väter mit Töchtern in heiratsfähigem Alter werden kommen und mir lukrative Angebote machen. Ich werde in der Position sein, ihnen meine eigenen Bedingungen zu diktieren und das Mädchen meiner Wahl zu heiraten."

„Was wird dann geschehen?",

Der Student fühlte sich von all diesen Fragen irritiert, aber er zeigte es nicht offen. Doch antwortete er ziemlich ungeduldig:

„Ich werde ein hochrangiger Beamter werden; wir werden in einem Bungalow wohnen und in einem Auto fahren. Die Kinder erhalten die bestmögliche Ausbildung und sämtliche optimalen Voraussetzungen für ihr späteres Leben. Meine Töchter werden alle gute Partien machen, und meine Söhne können sogar ins Ausland gehen, dort studieren und später einen gut bezahlten Beruf ergreifen."

„Und dann?"

Nun war der Student völlig überzeugt, der *swami* mache sich über ihn lustig. Er blickte ihn an, um seinen Gesichtsausdruck zu sehen, doch Vivekananda verzog keine Miene. Mit wachsendem Unbehagen sagte er schließlich:

"Sir, wenn meine Kinder einen festen Stand im Leben gefunden haben, wird es für mich langsam Zeit, in Rente zu gehen. Ich werde mir also in meinem Dorf ein kleines Haus bauen, wo ich während meines Ruhestandes von einer guten Pension leben und es mir bequem machen werde."

„Und dann?"

Nun riss dem Studenten der Geduldsfaden. Ärgerlich erwiderte er:

„Was soll diese ganze Fragerei? Was gibt es denn noch mehr zu sagen? - Dann werde ich sterben!"

Mit ruhigem Gesichtsausdruck lächelte der *swami* und sagte:

"Wenn es nur darum geht, Geld zu verdienen, Kinder zu zeugen und schließlich eines Tages zu sterben, was ist dann das menschliche Leben schon groß wert? Tun nicht die Säugetiere dasselbe, ohne dass sie auf ein Auslandsstudium angewiesen sind? Machen nicht Vögel die gleichen Dinge, ohne dass sie einer Ausbildung bedürfen? Legen nicht Fische das gleiche Verhalten an den Tag, ohne ein Gehalt zu beziehen oder in einem Bungalow zu wohnen? Geburt und Tod sind allen Lebewesen gemeinsam. Ohne Zweifel ist es wichtig, ein auskömmliches Leben zu führen, doch sollte man stets hohen Idealen nachstreben. Es ist schön, eine Position und Geld zu besitzen, doch nur, wenn es verwendet wird, um anderen zu dienen."

Der Student war beschämt. Von diesem Tag an fasste er den Entschluss, ein sinnvolles Leben im Dienste der Gesellschaft zu führen.

Wäre es dem *swami* möglich gewesen, mehr Zeit mit dem jungen Mann zu verbringen, hätte er seinen Geist ohne Zweifel in Richtung spiritueller Prinzipien und höherer Ideale gelenkt, so wie es Amma tut.

Wenn wir eine Sache verlegt haben, wie finden wir sie dann wieder? Wir behalten sie im Gedächtnis, bis uns einfällt, wo sie sich befindet. In ähnlicher Weise, so sagt Amma, haben wir inmitten all unserer Angelegenheiten und Besitzungen, sei es in

dieser oder einer anderen Welt, Gott „verlegt". Um ihn wieder-
zufinden, müssen wir ihn im Gedächtnis behalten. Auch müssen
wir uns daran erinnern, dass er sich in unserem Innern befindet,
wo er hinter zahllosen Gedanken und Gefühlen verborgen ist.
Ihn in uns zu finden, ist die größte aller Freuden und das Ende
unseres Leidens, die Morgendämmerung der höchsten Wonne.

Es gibt viele Methoden, Ihn im Gedächtnis zu behalten, wie
etwa Meditation, *japa, bhajans, seva* usw. Doch einige wenige
Devotees empfangen das seltene und große Glück
dergestalt, dass sie Zeitgenossen einer Göttlichen Seele sind.
In den *Yoga Sutras* von *Patanjali* steht, dass eine sehr wirkungsvolle und natürliche Art der Meditation darin besteht, an einen
mahatma zu denken, weil dadurch der ruhelose Geist geläutert
wird. Durch ihren göttlichen Magnetismus waren große Seelen
wie *Krishna, Rama, Buddha*, Jesus und *Ramakrishna* in der Lage,
eine riesige Schar von Devotees zu sich hinzuziehen. Viele Seelen erfuhren geistige Läuterung und erlangten Gott durch den
Kontakt zu diesen *mahatmas*. In ähnlicher Weise sind auch wir
gesegnet durch Ammas göttliche Gegenwart. Unsere Chancen,
Gott zu erreichen, sind ebenso gut wie die jener glücklichen
Seelen. Doch müssen wir unseren Geist von seinem Hang zur
Weltlichkeit „entleeren" und ihn mit den Gedanken an Gott
und den *guru* füllen. An einem bestimmten Punkt wird uns klar
werden, dass der *guru* sich im Inneren befindet und unser eigenes
geliebtes Selbst ist.

Die Bewohner *Vrindavans*, die *gopis* und *gopas*, besaßen diese natürliche Art von Hingabe an *Sri Krishna*. Selbst inmitten
ihres alltäglichen Lebens war der Danke an *Krishna* immerzu im
Hintergrund ihres Geistes gegenwärtig. Um ihren Glauben und
ihre Hingabe zu stärken, vollbrachte der Herr viele große und
kleine Wunder.

Fortgeschrittene *sadhaks* benötigen keinerlei Wunder, um sich der göttlichen Natur ihres *gurus* zu versichern. Sie sind immer fähig, den intensiven Frieden und die Seligkeit wahrzunehmen, die von seiner Person ausstrahlt. Die meisten von uns gewöhnlichen Menschen jedoch bedürfen einer gelegentlichen Rückversicherung. Wenn wir wachsam sind, erkennen wir allmählich die Wunder von Ammas Gnade. Um die Dinge im rechten Licht zu sehen, müssen wir sowohl das Angenehme wie die Unangenehme als ihre Gnade zu akzeptieren lernen.

Schaut euch euer eigenes Leben genau an. Amma ist immer bei euch, belehrt euch und zieht euch zu sich hin. Seid nicht furchtsam. Seid vielmehr mutig und fasst Vertrauen zu Ammas Worten: „Ich bin immer bei dir, mein Kind."

Sie wird bei uns sein, jetzt und in alle Ewigkeit.

www.ingramcontent.com/pod-product-compliance
Lightning Source LLC
LaVergne TN
LVHW051734080426
835511LV00018B/3062